Le Miel

et ses vertus médicinales

Le Miel
et ses vertus médicinales

Margaret Briggs

Les Éditions Goélette inc.

Pour la présente édition

© Les Éditions Goélette inc.
1350, Marie-Victorin
St-Bruno-de-Montarville,
(Québec) Canada, J3V 6B9
www.editionsgoelette.com

Auteur : Margaret Briggs
Traducteur : Guy Rivest
Correction : Corinne Danheux
Couverture et mises en pages : Katia Senay

Dépôts légaux :
Bibliothèque nationale et Archives du Québec
Bibliothèque nationale du Canada
Troisième trimestre 2009

Gouvernement du Québec - Programme de crédit d'impôt pour l'édition de livres - Gestion Sodec

Imprimé à Dubaï

ISBN: 978-2-89638-532-4

À PROPOS DE L'AUTEURE

Margaret Briggs a travaillé comme enseignante pendant 30 ans, en Allemagne et en Angleterre (Kent, North Yorkshire et Sussex).

Depuis qu'elle a quitté l'enseignement, elle consacre plus de temps à jardiner et à cuisiner. Aux côtés de son mari écrivain, Lol, elle a entamé une deuxième carrière de pigiste en tant qu'auteure, recherchiste et éditrice. Il y a six ans, le couple est devenu propriétaire d'une maison délabrée dans le Sud-Ouest de la France. Cette maison est maintenant restaurée et Margaret et Lol partagent leur temps entre le Sussex et la Gironde et ont deux jardins différents à entretenir.

Margaret a écrit six autres livres de la même collection, *Le sel, un minéral essentiel ; Trucs et conseils de jardinage ; Gruau et avoine, utilisations variées ; Le miel et ses vertus médicinales* et *Le bicarbonate de soude.*

TABLE DES MATIÈRES

INTRODUCTION

LE MIEL : UN REMÈDE MODERNE

Les abeilles sont apparues avant les humains. Nous le savons grâce à des fossiles vieux de 150 millions d'années. Mais depuis les époques les plus anciennes, l'homme s'est servi de ce produit naturel pour se nourrir, se guérir, se purifier et se protéger. On sait très bien que l'homme préhistorique vénérait le soleil comme étant celui qui donnait et entretenait la vie, mais combien d'entre nous savent que le miel faisait partie intégrante des rituels des Babyloniens et des Assyriens ? Ils avaient l'habitude de verser du miel sur les fondations et les murs de leurs temples. Des coutumes semblables existaient chez les anciens Égyptiens et, à l'autre bout du monde, chez les Incas. Les Hindous et les Perses utilisaient le miel dans le cadre de leurs cérémonies religieuses, le considérant comme un aliment sacré, divin, et un purificateur.

Certains de ces anciens rituels existent encore aujourd'hui dans plusieurs pays d'Afrique et, selon d'antiques croyances, la cueillette du miel doit toujours se faire à des périodes précises.

Même si l'homme préhistorique ignorait les vertus antibactériennes du miel et les avantages liés au fait d'en consommer pour ses propriétés sanitaires et énergétiques, il savait qu'il en aimait le goût sucré et que le miel était produit par une sorte d'alchimie mettant en cause les abeilles. Jusqu'à une époque relativement récente, c'était le seul édulcorant dont il pouvait disposer facilement. Les cuisiniers de l'ère victorienne, comme madame Beeton, découvrirent qu'il était beaucoup plus commode d'utiliser le sucre en pain dans de nombreuses recettes. À part le miel comme édulcorant, les abeilles dispensent d'innombrables autres avantages, notamment la production de cire pour les chandelles et le miel fermenté pour les boissons alcoolisées. Le mot « *mead* » (hydromel) et ses dérivés dans plusieurs langues sont, de diverses façons, liés au miel. Au fil du temps, les poètes lyriques en sont venus à utiliser le goût du miel comme métaphore liée à l'amour, et des générations d'enfants ont appris à aimer les « vieux ours comiques » qui se retrouvent dans des situations délicates à cause du miel.

Cléopâtre, qui en connaissait un chapitre sur la beauté, avait l'habitude de prendre des bains de miel et de lait pour garder sa peau douce. On utilise le miel encore aujourd'hui dans les traitements cosmétiques pour améliorer l'apparence de la peau.

Ce livre a pour but de divertir l'enthousiaste de salon intéressé plutôt que de le renseigner sur les détails pointilleux de l'apiculture, les types de miels et les thérapies. Cela dit, j'espère que vous serez aussi fascinés que moi par l'incroyable polyvalence de ce produit naturel.

CONNAÎTRE SES ABEILLES

APOÏDÉS : UNE SUPER-FAMILLE

Les abeilles appartiennent à la famille d'insectes appelés *hyménoptères*, qui comprend également les fourmis, les guêpes et les mouches à scie. Les hyménoptères sont importants pour l'homme en tant que pollinisateurs de plantes sauvages et domestiques. Ces insectes ont toujours eu la vie dure avec nombre d'humains, qui ne voient en eux que la possibilité de subir de douloureuses piqûres et des invasions de fourmis, mais ils peuvent être des parasites d'insectes destructeurs et fabriquer du miel.

On retrouve pratiquement à la grandeur de la planète les quelque 20 000 espèces d'abeilles identifiées à ce jour. Les seuls endroits où vous n'en trouverez pas sont situés à de très hautes altitudes, dans les régions polaires et sur certaines îles océaniques. On trouve le plus grand nombre d'espèces dans les régions chaudes, subtropicales et tropicales. Leur taille peut varier de 2 mm à 4 cm de longueur, une perspective plutôt effrayante. De nombreuses abeilles sont noires ou brunes, mais d'autres affichent aussi un jaune luisant, du rouge et un bleu-vert métallique. Comme les autres hyménoptères, les abeilles possèdent quatre ailes et une taille mince. La bouche est modifiée pour pouvoir sucer. L'organe de ponte des œufs, ou ovipositeur, est souvent très long et sa forme lui permet de percer, de scier ou de piquer. Le sexe de l'insecte dépend du fait que l'œuf ait été ou non fertilisé : s'il est fertilisé, il devient femelle et dans le cas contraire, il demeure mâle. La plupart des abeilles sont couvertes de poils spécialisés, duveteux, qui les aident à recueillir le pollen.

Il existe onze familles d'abeilles qui se distinguent par de subtiles différences dans les veines des ailes et par la structure de la bouche et d'autres caractéristiques mineures. À l'intérieur de chaque famille, les abeilles possèdent d'autres particularités qui les différencient, notamment les poils du corps, la longueur de la glosse, ou langue, et la forme de l'attirail de transport du pollen.

Les *ABEILLES À MEMBRANE* n'ont pratiquement pas de poils et leur glosse est courte et fourchue. Elles ressemblent davantage à des guêpes qu'à des abeilles et on les considère comme les abeilles les plus primitives. Elles tapissent les galeries de leur nid et de leur chambre pour les jeunes avec une sécrétion qui durcit pour devenir une peau semblable à la cellophane. Elles transportent le pollen sur les poils de leurs pattes ou, à l'intérieur de leur corps, dans un jabot comparable à un estomac.

Les *ANDRÈNES* construisent des nids dans le sol qui comportent de nombreuses chambres avec embranchements, chacune se terminant par une ou plusieurs cellules. Elles peuvent être solitaires ou sociales, vivant dans des nids séparés, mais situés près les uns des autres. Elles transportent le pollen sur leur corps et les poils de leurs pattes.

Les *ABEILLES SOLITAIRES* et les *ABEILLES MAÇONNES* appartiennent à une famille d'abeilles à longue glosse dont l'abdomen est muni de poils servant à transporter le pollen. Certaines sont utilisées pour polliniser les récoltes.

Les *ABEILLES DE SUEUR* sont en général petites, de couleur sombre, et ont peu de poils. Elles construisent habituellement leur nid dans le sol, mais peuvent vivre en sociétés au sein desquelles les abeilles parentes s'aident mutuellement. Elles transportent le pollen sur des zones rugueuses près de la base de leurs pattes et sur les poils de leur corps.

Les *ABEILLES FOUISSEUSES* et les *ABEILLES CHAR-PENTIÈRES* ont un vol rapide et peuvent nicher dans le sol seules ou en amas dense. Ce sont d'excellentes pollinisatrices de plusieurs plantes. Les abeilles charpentières nichent dans les tiges des plantes. Certaines peuvent creuser des abris dans le bois franc. Leur taille varie de 6 mm à 2,5 cm et leur couleur est d'un bleu-vert sombre.

Les *ABEILLES DOMESTIQUES* et leurs proches parentes sont les mieux connues. Ces abeilles construisent des nids compliqués et vivent dans des sociétés complexes. La structure de transport du pollen est une zone lisse, entourée de poils très fins au milieu des pattes postérieures, une zone qu'on appelle corbeille à pollen. Parmi ses proches parents, on trouve les euglossines, les bourdons et les mélipones. Les abeilles domestiques et les mélipones fabriquent d'habitude d'énormes quantités de miel.

POLLINISATION

Les abeilles, de même que les autres hyménoptères sont les plus importants insectes pollinisateurs. Leur dépendance mutuelle vis-à-vis des plantes à fleurs constitue une relation symbiotique au sein de laquelle chaque espèce trouve son compte. De nombreuses plantes ne peuvent se reproduire sans l'aide d'une espèce particulière d'insecte. Les abeilles dépendent du pollen en tant que source de protéines et elles récoltent le nectar comme source d'énergie.

Les femelles adultes qui vivent en société recueillent surtout le pollen pour nourrir leurs larves. Le pollen que perd l'abeille en butinant d'une fleur à l'autre est important pour les plantes parce qu'une partie de ce pollen tombe sur les pistils ou organes reproducteurs d'autres fleurs de la même espèce, ce qui entraîne une pollinisation croisée.

LES SOCIÉTÉS D'ABEILLES

LES ABEILLES SOLITAIRES
La plupart des abeilles sont solitaires, ce qui signifie que chaque femelle construit son propre nid. Leur vie adulte est de courte durée après avoir franchi les étapes de l'œuf, de la larve et de la pupe avant d'atteindre l'âge adulte.

LES ANTHOPHORES
Ce groupe comprend les abeilles qui nichent dans le sol, souvent en vastes colonies, comme les andrènes, les abeilles fouisseuses et les abeilles coucou. Ce sont des abeilles primitives et, comme leurs parents les guêpes, elles sont solitaires. Chaque femelle creuse un terrier dans lequel elle construit des chambres pour ses petits. Elle dépose du pollen humidifié avec du nectar ou de l'huile dans chacune des cellules jusqu'à ce qu'il y ait suffisamment de nourriture pour que la larve puisse atteindre sa pleine grandeur. La femelle pond alors un œuf sur la masse de pollen et referme la cellule avant d'en construire une autre.

ABEILLES CLEPTOPARASITES
Ce sous-groupe d'abeilles parasites ou d'abeilles coucou ne creusent ni ne construisent leur propre nid, mais utilisent ceux d'autres espèces d'abeilles pour nourrir leurs jeunes. Elles envahissent les nids d'abeilles solitaires et cachent leurs œufs dans les chambres préparées par l'hôte avant que celui-ci puisse y placer ses propres œufs. Ensuite, elles referment les chambres. Puis, les jeunes abeilles parasites grandissent grâce à la nourriture que l'hôte a si minutieusement préparée. Les abeilles ou larves parasites tuent les autres œufs ou larves de l'hôte. Les abeilles parasites femelles ne possèdent pas de corbeille à pollen ou de brosse à pollen puisqu'elles n'ont pas besoin de creuser à la recherche de nourriture pour leurs jeunes.

ABEILLES SOCIALES ou *APINÆ*

Ce groupe comprend, notamment les abeilles domestiques et les bourdons. Il existe aussi des abeilles eusociales, un groupe dans lequel plusieurs femelles de la même génération utilisent le même nid, chacune construisant des cellules pour loger ses propres œufs, larves et pupes. Certaines sont semi-sociales et vivent en colonies de deux à sept ouvrières et une reine. Environ 1 000 de ces espèces forment des colonies qui meurent à l'automne alors que seules les reines survivent à l'hiver.

Les bourdons appartiennent à cette catégorie. Les groupes les mieux connus d'abeilles sociales vivent dans de vastes colonies de deux générations de mères et de filles au sein desquelles les mâles ne jouent aucun rôle lié à l'organisation. Ils s'accouplent seulement avec les reines. Comme ce livre concerne le miel, les sociétés décrites à partir de maintenant ont trait aux abeilles domestiques.

LES COLONIES D'ABEILLES DOMESTIQUES

Une colonie d'abeilles domestiques fonctionne plus ou moins comme un seul organisme, ce qui n'est pas un mince exploit compte tenu du fait qu'une colonie d'abeilles peut être constituée d'une reine, de quelque 60 000 femelles immatures et jusqu'à 1 000 faux-bourdons ou abeilles mâles. Seules les femelles ont un aiguillon. Évidemment, si vous craignez d'être piqué ou si vous avez une réaction allergique aux piqûres d'abeilles, ce n'est pas une bonne nouvelle lorsqu'on considère la proportion de mâles et de femelles abeilles.

Les colonies d'abeilles domestiques amassent diverses matières pour permettre à la colonie de fonctionner convenablement. En voici quelques-unes :

Le *NECTAR*, qui est transformé en miel. Lorsqu'il est recueilli sur les bourgeons, les tiges et les feuilles, le nectar contient de 50 % à 80 % d'eau, mais au moment où il sera transformé en miel, il n'en contiendra plus que 16 % à 18 %.
Le *MIELLAT* entreposé en miel. C'est un liquide doux recueilli auprès d'autres insectes comme les pucerons et les chenilles.
Le *POLLEN*, un élément mâle semblable à une poussière provenant des anthères des fleurs. Le pollen fournit les protéines permettant d'élever les jeunes abeilles.

La *PROPOLIS*, une substance résineuse recueillie dans les bourgeons des arbres et dont les abeilles se servent pour refermer les fissures dans la ruche en plus de recouvrir des objets non désirés qu'elles ne peuvent retirer de la ruche. La propolis possède non seulement des propriétés protectrices, mais on sait également qu'elle a de nombreux usages médicaux. Pour de plus amples renseignements, voir la section concernant les bienfaits pour la santé.

L'*EAU*, pour climatiser la ruche et diluer le miel que les abeilles consomment.

LES RUCHES

Depuis le XVIIe siècle, les humains connaissent le cycle de vie fondamental des abeilles, leur production de miel et la façon de les contrôler avec de la fumée. Une fois ces connaissances acquises, il devint plus facile pour les gens d'élever les abeilles pour produire du miel en contribuant à la formation de la ruche au moyen d'une assise en rayons de cire.

Les abeilles produisent de minuscules flocons de cire qu'elles sécrètent sous la partie antérieure de leur abdomen. Elles se servent de ces flocons pour modeler la cire et en faire des rayons de miel. Ces rayons sont constitués d'hexagones à parois minces, adossés les uns aux autres pour former des cellules. Dans la ruche, les cellules ont des fonctions très diverses selon les besoins de la colonie. Les abeilles les utilisent pour entreposer du miel ou du pollen ou pour que la reine y ponde ses œufs à raison d'un par cellule. En général, le miel est entreposé au sommet du rayon et, le pollen, dans des cellules plus près de la zone où les abeilles se développent à partir des œufs et qu'on appelle nid à couvain. À cet endroit, la température doit demeurer autour de 34° C, quelles que puissent être les conditions climatiques à l'extérieur du nid. Une colonie peut survivre à une température de 49° C tant qu'il y a de l'eau pour la climatisation. Si la température chute sous 14° C les abeilles cessent de voler et forment un amas serré pour isoler le couvain et conserver la chaleur. Elles peuvent survivre pendant des semaines à une température de -46° C, ce qui doit faire d'elles des championnes de la survie.

L'ESSAIMAGE

Le cycle de renouvellement débute avec l'essaimage, lorsque la colonie devient surpeuplée. Quand il y a des fleurs et du pollen en abondance l'été, la reine pond davantage d'œufs et le miel s'accumule dans les rayons. Avec l'arrivée d'un grand nombre de jeunes abeilles, la ruche devient rapidement surpeuplée et la reine n'a plus suffisamment de place pour pondre plus d'œufs. Alors, les ouvrières choisissent environ une douzaine de larves qui deviendraient des ouvrières sans autre intervention, mais elles les nourrissent avec un aliment blanc qu'on appelle gelée royale. Les ouvrières produisent cette gelée à partir d'une glande située sur leur tête. Abondamment nourries de gelée royale, les larves deviennent plutôt des reines vierges, mais juste avant que ces reines n'émergent, la reine mère quittera la ruche avec l'essaim. Toutes les abeilles qui partent font provision de miel.

D'habitude, l'essaimage se produit par une journée chaude. De 5 000 à 25 000 ouvrières (environ la moitié de la colonie) tourbillonneront dans l'air. S'il ne vous est jamais arrivé de voir un essaim d'abeilles, il est difficile de décrire la nuée dense et bruyante qui accompagne ce vol. Ce phénomène peut être assez alarmant et il se produisait presque chaque année à l'école primaire de campagne où j'enseignais. En général, il se dirigeait vers le toit victorien du vestibule de l'école. Il est arrivé que des abeilles atterrissent sur des arbres, des bornes-fontaines et des autos, de même que sur des toits. Les abeilles forment un amas serré, protecteur, autour de la reine pendant que quelques éclaireurs partent à la recherche d'un nouveau foyer. Une fois l'endroit trouvé, l'essaim prend de nouveau son envol et tourbillonne en une longue file dense. Voyez plus loin de quelle manière les abeilles savent où aller.

QUI EST LA REINE ?

Pendant ce temps, à la colonie d'origine, la première reine qui émerge après le départ de la reine mère avec l'essaim se met à détruire les autres jeunes reines. Si deux abeilles émergent en même temps, elles se battront à mort. Après environ une semaine, la nouvelle reine entreprendra son vol nuptial, s'accouplant fréquemment avec plusieurs faux-bourdons dans les airs. Après peut-être deux autres vols, elle commencera la ponte et elle ne quittera que rarement la colonie de nouveau, sauf en compagnie d'un essaim. Sa spermathèque contiendra suffisamment de sperme pour fertiliser tous les œufs qu'elle pondra pendant le reste de sa vie, qui peut atteindre cinq ans. Quant aux faux-bourdons avec lesquels elle s'est accouplée, ils meurent pendant l'accouplement. C'est la reine qui décide si elle a besoin ou non de faux-bourdons ou d'ouvrières, et quand elle pond ses œufs, elle contrôle son canal spermatique en contractant ou en relâchant un anneau musculaire.

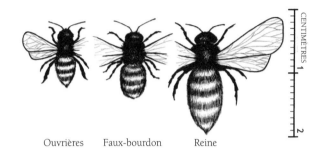

Ouvrières   Faux-bourdon   Reine

LE STADE OVULAIRE

L'œuf d'abeille est environ de la taille d'une moitié de grain de riz, et il ne faut à la reine que quelques secondes pour le pondre. Elle peut pondre jusqu'à 1 900 œufs par jour. Chaque œuf est fixé au mur de la cellule grâce à un mince fil de mucus. Au cours des trois jours suivants, le système nerveux, les organes digestifs et l'enveloppe extérieure de l'abeille se forment. Durant les trois premiers jours, l'œuf demeure droit, puis il se couche sur le côté quand il éclot en tant qu'abeille larvaire, sans pattes, ailes, antennes ou yeux.

LE CYCLE DE VIE DE L'ABEILLE DOMESTIQUE

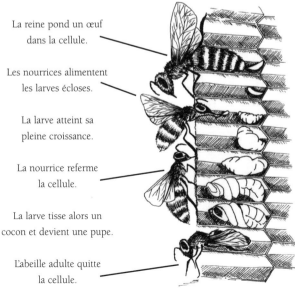

La reine pond un œuf dans la cellule.

Les nourrices alimentent les larves écloses.

La larve atteint sa pleine croissance.

La nourrice referme la cellule.

La larve tisse alors un cocon et devient une pupe.

L'abeille adulte quitte la cellule.

LE STADE LARVAIRE

Maintenant, la larve ressemble à un grain de riz avec une bouche et c'est tout ce dont elle a besoin pour le moment parce que son rôle consiste à ne rien faire d'autre que manger et grandir. À cette étape, les nourrices du couvain qui l'alimentent en « pain d'abeille » constitué de miel, de pollen et de sécrétions de ces nourrices (voir plus bas), visitent les larves jusqu'à 1 300 fois par jour. La nourriture plus riche, la gelée royale, n'est servie qu'aux larves qui peuvent devenir reines. Au fil de sa croissance, la larve passe par cinq stades, muant après chacun des quatre premiers. Son corps comporte 13 sections et une minuscule tête. L'estomac est bien développé, tout comme son estomac à miel, ou jabot, et il y a de petites cavités à l'endroit où les antennes pousseront. Les mandibules, les maxilles et le conduit de la glande à soie sont formés. Au bout de six jours, la larve atteint son dernier stade de développement, lorsqu'une ouvrière referme la cellule et que la larve tisse son cocon.

LE STADE PUPAIRE

Les reines émergent du stade pupaire après huit jours, alors que les ouvrières et les faux-bourdons prennent davantage de temps. Une ouvrière éclot après 12 jours et un faux-bourdon, après 14 jours. Une reine ou un faux-bourdon pèsera 200 mg et une ouvrière environ la moitié.

LES FAUX-BOURDONS

C'est la reine qui détermine le sexe de la progéniture. Si elle ne fertilise pas les œufs qu'elle pond, ils deviennent des mâles ou faux-bourdons. Les faux-bourdons ne sont élevés que lorsqu'il y a une abondance de nectar et de pollen. Ils vivent quelques semaines, mais sont les premiers à devoir quitter la ruche quand la situation se détériore, par exemple en automne. Ce sont virtuellement des parasites : le seul devoir du faux-bourdon est de s'accoupler avec la reine, alors si elle n'a pas envie de s'accoupler, il n'est pas nécessaire de faire de la place pour les faux-bourdons et de les nourrir. Une simple question d'économie, quoi !

LES OUVRIÈRES

Dans une ruche les tâches sont réparties selon l'âge. Les ouvrières font tout le travail sauf la ponte des œufs. Les larves dépendent entièrement des soins permanents des adultes. Le jour où une abeille devient adulte, cette ouvrière commence à sortir les détritus, à nettoyer les cellules et à les tapisser d'une substance désinfectante prête pour les nouveaux œufs. Au bout d'environ trois jours, la jeune abeille devient une ouvrière. Elle procure aux larves du pollen et du miel. Le 6e jour, elle commence également à nourrir les larves avec un aliment spécial qu'elle produit à partir d'une glande située dans son pharynx. Le 16e jour, l'abeille devient active et sécrète de la cire pour construire le rayon de miel. Peu après, elle effectue son premier vol à l'extérieur pour apprendre à s'orienter. Le 20e jour, elle commence à monter la garde à l'entrée de la ruche. Finalement, elle devient une butineuse et le demeure jusqu'à sa mort. Normalement, les ouvrières vivent environ six semaines, mais elles peuvent vivre pendant plusieurs mois si elles émergent à l'automne et passent l'hiver dans la ruche.

LA STRUCTURE DE L'ABEILLE DOMESTIQUE

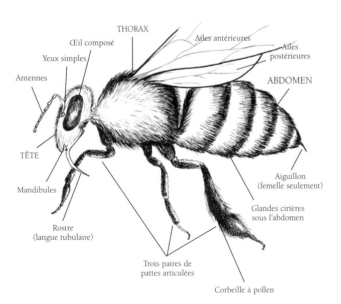

THORAX

Œil composé

Yeux simples

Antennes

Ailes antérieures

Ailes postérieures

ABDOMEN

TÊTE

Mandibules

Aiguillon (femelle seulement)

Glandes cirières sous l'abdomen

Rostre (langue tubulaire)

Trois paires de pattes articulées

Corbeille à pollen

LA TÊTE

La tête comporte deux *antennes*. Ce sont d'importants organes sensoriels et elles sont placées dans de petites cavités de manière à ce qu'elles puissent bouger librement. Les minuscules poils sur chaque antenne réagissent au toucher et à l'odorat.

L'abeille est munie de cinq yeux consistant en une paire d'*yeux composés*, munis de nombreuses facettes hexagonales, et en trois yeux simples au sommet de la tête, lesquels réagissent à la lumière. Toutefois, les abeilles n'ont pas une vue particulièrement bien aiguisée, et il semble que ce soit plutôt la disposition des fleurs qui attire les abeilles plutôt que leurs formes géométriques. L'abeille peut détecter les radiations ultraviolettes, mais non la lumière rouge. Cela signifie que les fleurs blanches paraissent colorées pour une abeille, et diverses combinaisons de couleurs invisibles aux humains l'attirent tout particulièrement. Certaines fleurs qui semblent aux humains complètement jaunes n'apparaissent aux abeilles que comme du jaune autour de la source de nectar, ce qui leur permet de s'orienter plus efficacement. Pour s'orienter entre la ruche et les sources de nourriture, les abeilles utilisent leurs yeux de manière très efficace et possèdent un sens aiguisé de l'odorat qui fait en sorte que tous les membres de la colonie dégagent la même odeur. Les gardes postés à l'entrée reniflent chaque abeille qui cherche à entrer. La reine sécrète également sa propre odeur et ainsi, aucune autre reine ne peut émerger tant qu'elle produit son odeur.

Le *rostre* est simplement une longue langue mince et poilue qui agit comme une paille pour aspirer le liquide dans la bouche. L'extrémité flexible effectue un mouvement de léchage et, lorsque l'abeille a fini de se nourrir, le rostre se rétracte derrière la tête.

Les *mandibules* sont des mâchoires semblables à des pinces qui comportent une pièce buccale permettant de mâcher. Elles servent à combattre, à modeler la cire et à couper le tissu de la fleur pour atteindre le nectar. Les *maxilles* sont une deuxième paire d'antennes sensibles qui servent à manipuler et à détecter la nourriture.

LE THORAX

Le thorax sert d'ancrage aux trois paires de pattes et aux deux paires d'ailes. Les *corbeilles à pollen* sont situées sur les pattes postérieures. Les pattes antérieures servent à nettoyer les antennes.

L'ABDOMEN

Les tubes digestifs des abeilles domestiques sont semblables à ceux des autres *hyménoptères*. L'œsophage s'élargit près de l'*estomac* pour former un jabot ou un estomac à miel, dans lequel l'abeille domestique adulte peut transporter jusqu'à 75 mg de nectar, soit environ le tiers de son poids. L'*aiguillon* possède la même structure que l'organe de ponte chez les autres insectes, mais il a été modifié chez les abeilles domestiques afin d'injecter du venin. Seules les femelles sont munies d'un aiguillon. Quand elles ne l'utilisent pas, il se rétracte dans l'abdomen. Plus loin, nous aborderons plus en détail les aiguillons des abeilles.

LA DANSE DES ABEILLES

Les collectivités fortement intégrées comme les colonies d'abeilles ont besoin d'une méthode sophistiquée pour se transmettre mutuellement des informations. Les abeilles possèdent leur propre système particulier leur permettant de faire connaître aux autres les sources de nourriture, les éventuelles nouvelles ruches, etc. Après avoir trouvé de la nourriture, l'abeille retourne à la ruche chargée à plein de nectar et de pollen. Elle entreprend alors de faire savoir aux autres ouvrières où trouver la source de nouvelle nourriture. L'information qu'elle transmet comprend le lieu, la quantité et la qualité du nectar. L'information sur les espèces de plantes se transmet au moyen de l'odeur de la fleur qui colle au corps de l'abeille. Les autres abeilles détectent cette odeur avec leurs antennes.

L'abeille renseigne ses sœurs sur la qualité et la quantité de nourriture en faisant une série de mouvements de danse dynamiques. Le rythme de la danse explique la provenance de la nourriture, et plus celle-ci se trouve proche, plus le nombre de cycles est élevé. Si la nourriture est tout près de la ruche, l'abeille effectue une danse en rond. Si la source se trouve plus éloignée, c'est-à-dire à plus de 80 m, elle effectuera une danse en frétillant de la queue. Dix cycles effectués en 15 secondes signifient que la nourriture se situe à 100 m, alors que si la source est à 10 km, elle n'effectuera qu'un seul cycle de mouvements. L'abeille mesure la distance selon l'énergie qu'elle dépense pour se déplacer.

La danse transmet de l'information sur la direction de même que sur la distance grâce au soleil et à la gravité. Pendant son vol, l'abeille calcule l'angle entre le soleil et sa trajectoire de vol. En dansant sur le rayon de miel, elle décrit l'angle nécessaire afin de localiser la nourriture. Si elle agite la queue vers le haut, cela signifie « allez vers le soleil », alors que si elle l'agite vers le bas, cela signifie « volez à l'opposé du soleil ». Un vol à 45° vers la gauche montre que la source se trouve sur ce plan. Évidemment, puisque la position du soleil se modifie tout au long du jour, les abeilles doivent également changer l'angle de la danse. Si le ciel est couvert de nuages ou que le soleil est caché par un immeuble élevé, une montagne ou des arbres, l'abeille se servira de sa connaissance de la polarisation en analysant l'intensité de la lumière.

LA DANSE EN ROND

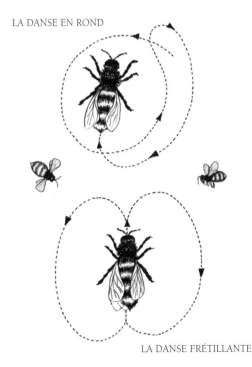

LA DANSE FRÉTILLANTE

Les abeilles frétillent aussi de la queue quand l'essaim cherche un nouveau foyer. Quand les éclaireurs reviennent vers la reine, ils décrivent l'éventuel nouveau foyer de la même façon.

L'histoire
du miel

UN CASSE-TÊTE CHINOIS

Il existe des restes d'abeilles domestiques fossilisées remontant à 150 millions d'années, et les plus anciennes références sur l'apiculture datent de 7 000 av. J.-C. Des analyses chimiques de fragments de poterie provenant de jarres découvertes dans le village néolithique Jiahu dans la province de Henan dans le nord de la Chine ont révélé qu'une boisson fermentée composée de riz, de miel et de fruits était produite à une époque aussi lointaine qu'il y a 9 000 ans. Jiahu devait être une ville d'avant-garde à son époque puisqu'on y a retrouvé parmi les premiers exemples d'instruments de musique et de riz cultivé.

Des archéologues ont trouvé des plats en poterie de l'époque néolithique qui sont très semblables à ceux découverts beaucoup plus tard, ce qui laisse croire qu'il existait un besoin d'entreposer les boissons beaucoup plus tôt qu'on ne le croyait auparavant. Sachant aussi que les abeilles domestiques représentent une des formes de vie animale les plus anciennes dont l'existence était connue au cours de cette période et que l'homme néolithique recueillait et mangeait le miel et les rayons de miel, il n'est pas étonnant que le seul édulcorant à sa disposition ait été utilisé dans les boissons. C'était à peu près à la même période que la bière d'orge et le vin de raisin étaient produits au Moyen-Orient.

En Espagne, on a découvert des peintures qu'on dit dater d'environ 7 000 ans et qui illustrent la manière de garder des abeilles.

LES ANCIENS APICULTEURS ÉGYPTIENS

Les anciens Égyptiens se servaient du miel il y a près de 4 000 ans pour sucrer leur nourriture. Il était très précieux en raison de ses qualités thérapeutiques, et il jouait un rôle important dans la vie culturelle des gens, car il était associé à la fois à la naissance et à la mort. La consommation de miel très énergétique, à la fois avant la conception et dans le but de favoriser la fertilité, était aussi importante que l'ajout de miel dans le fluide d'embaumement.

PLEUREZ-MOI UNE RUCHE

On attribue aux Égyptiens, vers 2 400 av. J.-C. les plus anciennes mentions d'élevages d'abeilles dans des ruches pour la production de miel. Les ruches figurant sur les illustrations dans les tombeaux consistent en des paniers tressés recouverts de glaise, semblables à ceux dont on se sert encore aujourd'hui au Soudan. On utilisait également des ruches cylindriques faites de glaise. Il semble que l'apiculture ait été concentrée dans les terres cultivées de la Basse-Égypte où l'abeille avait été choisie comme symbole du pays et où un des titres du pharaon était « roi des abeilles ». Ce fait est lié au mythe du dieu Ra dont les larmes, quand il pleurait, tombaient sur le sol et devenaient des abeilles. Les abeilles commençaient alors à butiner toutes les fleurs sur la terre. Ainsi, le miel a été créé à partir des larmes du dieu.

DU MIEL ITINÉRANT

Apparemment, les nomades égyptiens élevaient aussi des abeilles, se servant du miel dans la composition de la peinture verte pour les yeux. Les apiculteurs itinérants qui vivaient au bord du Nil chargeaient leurs ruches sur des navires pour les transporter en aval au printemps puis suivaient ensuite progressivement la floraison des plantes vers le nord. Il semble que le miel sauvage ait été encore plus recherché. Les cueilleurs de miel étaient protégés par des archers royaux pendant qu'ils parcouraient les oueds à la recherche de colonies d'abeilles. Dans les temples, on gardait des abeilles pour les offrandes aux dieux de même que pour préparer des médicaments et des onguents. Les Égyptiens connaissaient l'application de miel sur des blessures pour favoriser la guérison, même s'ils ne comprenaient pas les vertus antibactériennes et fongicides du produit. La demande de miel était supérieure à sa production, alors, en même temps que d'autres produits de luxe, on l'importait d'ailleurs, notamment de Canaan, la région qui englobe aujourd'hui Israël et la Palestine et qu'on appelle dans l'Ancien Testament la terre du lait et du miel.

UNE DENRÉE PRÉCIEUSE

Aux yeux des Égyptiens, le miel était si précieux qu'ils le donnaient souvent en offrande à leurs dieux et à leurs aristocrates. Seuls les gens riches pouvaient acheter du miel, et les citoyens les plus pauvres devaient se contenter de dattes et de jus de fruits pour sucrer leur nourriture. On l'utilisait aussi comme monnaie et on en nourrissait les animaux que la culture égyptienne considérait comme des êtres sacrés. Plus tard, vers l'époque de la naissance de Jésus, on mentionne des animaux sacrés qu'on nourrissait avec une purée de farine de blé préparée avec des pâtisseries au miel, du pain de miel, de la viande d'oie et d'autres oiseaux. Parmi ces animaux sacrés, on comptait un bélier à Mendes, un lion à Léontopolis et un crocodile dans le lac Moeris. Hérodote, l'historien grec du Ve siècle av. J.-C., reconnu comme étant le père de l'Histoire, raconte qu'on préparait aussi des animaux sacrificiels avec du miel. On retirait les entrailles d'un bouvillon, de même que ses pattes, ses épaules et son cou. On remplissait ensuite la cavité corporelle avec des miches de pain, du miel consacré, des figues, des raisins et des épices, ainsi que de l'encens et de la myrrhe. Ensuite, on enduisait l'objet sacrificiel d'huile pour le préserver.

On a retrouvé des restes de papyrus sur lesquels étaient inscrites des listes d'aliments incluant du vin, du pain, du poisson saumuré, du miel et du vinaigre pour le commerce, ce qui illustre à quel point les anciens Égyptiens jouissaient d'un régime sain. Des preuves archéologiques retrouvées dans des tombeaux démontrent qu'ils avaient 30 types différents de pains, y compris la miche ronde et plate qu'on appelle aujourd'hui pain pita. On fabriquait des pâtes sucrées en mélangeant du miel avec des dattes et d'autres fruits, des noix et des épices.

LA CIRE ÉGYPTIENNE

En plus de faire grand usage du miel à des fins culinaires et médicinales, les Égyptiens utilisaient aussi beaucoup la cire. On a retrouvé de la cire d'abeille associée à la construction de navires, à la momification, aux peintures et au moulage de métaux. Elle servait de médicament et, mélangée à de la pierre pulvérisée, elle servait à coller les rasoirs à leur poignée. On utilisait aussi de la cire pour conserver les perruques en bon état et les nattes en place, de même que pour fabriquer des tablettes d'écriture pendant le règne de Ptolémée.

SORCIER OU DOCTEUR?

N'allez pas croire que le fait de planter des aiguilles dans des modèles de cire soit une invention plutôt moderne; on fabriquait des figurines rituelles en cire qu'on pouvait ensuite détruire par le feu ou par la force. On inscrivait ou dessinait à l'encre verte sur du papyrus des sorts et des incantations qu'on invoquait en s'adressant aux figurines pour affaiblir les membres des ennemis ou pour les ensorceler de manière à pouvoir les attraper et les tuer facilement. On retrouve également la cire dans des listes d'offrandes lors de festivals, de même que du pain, de la bière et du vin, ce qui illustre l'importance de ce produit.

LES GRECS ANCIENS

L'ancienne civilisation grecque faisait des offrandes de miel aux esprits des morts et, tout comme les Égyptiens, elle croyait que le miel faisait partie de la base de l'alimentation des dieux. Zeus, le roi des dieux grecs, était nourri avec du nectar d'abeilles reines pendant son enfance, et le miel finit par être connu sous le nom d'ambroisie, la nourriture des dieux. On croyait que le miel prolongeait la vie et donnait de la force. Lorsqu'il était enfant, Jupiter fut caché en Crète pour le dissimuler à son père qui était rempli de jalousie à son égard et cherchait à l'attraper. Pendant qu'il était caché, Jupiter fut nourri de miel et de lait, ce qui lui procura la force nécessaire pour se saisir du trône de son père une fois devenu adulte.

NECTAR ET FUNÉRAILLES

Les anciens Grecs avaient également réalisé que le miel possédait des vertus pharmaceutiques et médicinales et qu'il s'agissait donc d'une nourriture importante et nutritive pour les humains. Ce furent les Grecs qui, les premiers, fabriquèrent de l'hydromel en tant que boisson alcoolisée et qui l'appelèrent le nectar des dieux. Pour les Grecs, le miel symbolisait la félicité et le miel mélangé à du sang devint l'offrande suprême. Il jouait un rôle important dans le cadre de festivals, et plus particulièrement à l'occasion des cérémonies funéraires. Plus tard, les païens utilisèrent aussi le miel en le plaçant à l'intérieur des tombes et sur les tombeaux.

Hippocrate, le père de la médecine moderne, vantait l'utilité du miel pour soulager de nombreux maux, et Aristote, un philosophe et un scientifique, croyait que le miel était bon pour la digestion, et qu'il permettait de vivre plus longtemps et en meilleure santé. Pythagore affirmait aussi, quand il eut atteint 90 ans, qu'il devait sa longévité au miel; il pensait que sans le miel, il serait mort au cours d'une maladie qu'il avait contractée à l'âge de 50 ans. On dit également que Démocrite aurait vécu plus longtemps en mangeant du miel pour que ses filles puissent s'amuser pendant le festival associé à la déesse Cérès. D'après la mythologie grecque, Éros, le dieu de l'amour, trempait ses flèches dans du miel avant de semer le chaos dans la vie amoureuse des êtres humains. Sa version romaine, Cupidon, reprit le flambeau.

LA ROME ANTIQUE ET LE MIEL

À l'époque romaine, l'expansion de l'apiculture, ou élevage des abeilles, est devenue un élément de la vie à la grandeur de l'Empire romain. Les ruchers devinrent très répandus et firent en sorte que la récolte du miel devint florissante dans tout le monde romain.

LE MIEL SE RÉPAND

L'avènement du christianisme fit augmenter la demande de miel et aussi de cire d'abeille. Les premiers chrétiens avaient une considération particulière pour le miel en raison de ses associations profondément spirituelles. On en donnait aux chrétiens nouvellement convertis à titre de symbole de renouvellement. Plus tard, les moines et le clergé gardaient des abeilles afin de s'assurer d'un approvisionnement régulier en cire d'abeille pour les chandelles de même que pour écrire, sceller et protéger les œuvres d'art. On utilisait aussi le miel dans certaines recettes d'encre. Cette technique consistait à mêler de l'albumen, ou blanc d'œuf, avec de la suie en y ajoutant du miel pour produire une pâte lisse.

Dans la Russie féodale, on appelait *bortniks* les gens qui élevaient des abeilles. Du XIIIᵉ au XVᵉ siècle, ces bortniks jouissaient d'un statut plus élevé que les autres paysans. Les bortniks, qui devinrent progressivement des hommes libres, vivaient aux lisières des forêts où l'on gardait des abeilles appartenant à des nobles, et jouissaient de certains privilèges en travaillant pour eux-mêmes et en vivant de leurs propres produits.

L'AMBROISIE OU LE DÉLICE DES ANGES ?

La première mention de l'introduction d'abeilles domestiques d'Europe en Amérique du Sud remonte à 1530. Toutefois, les envahisseurs espagnols du Mexique ou de l'Amérique centrale furent étonnés de constater que la production de miel et l'élevage des abeilles y existaient depuis longtemps. Les abeilles étaient dépourvues d'aiguillon et avaient à peu près la même taille que les mouches domestiques. On trouvait le miel dans le creux d'arbres morts, dans la terre ou aux branches des arbres. Les Indiens autochtones leur procuraient également des jarres de terre cuite et des rondins pour y faire leur nid. Le miel que produisaient ces « *Angelitos* » ou petits anges était liquide, mais les Indiens le préféraient de loin au miel apporté par l'homme blanc pour ses propriétés.

Le miel jouait un rôle essentiel dans la vie des anciennes civilisations mayas et aztèques. Les peuplades conquises devaient payer un tribut sous forme de miel, comme le mentionnent les archives lorsque Montezuma, l'empereur aztèque du Mexique, se fit payer avec 700 jarres en poterie de miel. On permettait alors à ces tribus de continuer de produire du miel et de la poterie en tant qu'occupations principales et sources de recettes futures. Au Mexique, les Indiens priaient leur dieu du miel pour obtenir du miel en abondance. De nombreuses histoires populaires liées à la recherche de miel sont très semblables à celles qu'on retrouve dans les récits provenant de la Russie, de l'Inde, de l'Afrique et des Indes orientales.

Quand les colons européens en provenance de l'Angleterre, de l'Espagne et des Pays-Bas arrivèrent en Amérique du Nord en 1638, les nouveaux colons apportèrent avec eux des abeilles domestiques européennes. Les peuples autochtones appelèrent les nouvelles espèces d'abeilles la « mouche de l'homme blanc ». Les colons créèrent une vaste gamme d'applications, notamment l'utilisation du miel pour fabriquer du ciment, conserver les fruits et produire du vernis.

UN MIEL DÉRANGEANT...

En 1764, l'introduction d'abeilles de Floride à Cuba ne se fit pas sans heurts, puisque les planteurs de canne à sucre éliminèrent les abeilles parce qu'elles « volaient » la canne à sucre. Les abeilles furent pour la première fois introduites en Argentine vers 1840, au Brésil en 1848, et au Chili et au Pérou en 1857. Quand la canne à sucre se répandit, le miel perdit de sa popularité en tant qu'édulcorant pour la nourriture, mais cela ne signifie pas pour autant que le miel était moins important.

... MAIS UN DÉLICE EXPORTABLE

Si on se fie à l'expérience des habitants d'Hawaï, il ne suffisait pas toujours de commander une ruche pour introduire les abeilles. Il fallut plusieurs années et de nombreuses tentatives. Au mois d'août 1841, sur l'île Oahu, on mit sur pied un comité chargé d'importer les premières abeilles domestiques dans l'archipel. En 1852, on expédia une ruche par bateau de Boston à Honolulu, mais malheureusement, alors que le navire franchissait les tropiques, l'augmentation de la température fit fondre les rayons de miel et tua les abeilles. Une autre colonie commandée de Nouvelle-Zélande ne fut jamais expédiée en raison, paraît-il, d'un malentendu. En 1853, on tenta une seconde fois d'expédier des États-Unis deux ruches dont une était empaquetée dans de la glace. Ces ruches arrivèrent en mauvais état ; les abeilles survécurent pendant une courte période puis moururent. Le comité offrit alors une généreuse récompense de 10 $ à la personne qui pourrait importer des abeilles domestiques sur l'île. Ce n'est qu'en octobre 1857 que trois ruches d'abeilles noires allemandes furent envoyées à Honolulu. Le voyage dura 18 jours et cette fois, les colonies survécurent au périple, puis furent achetées pour la somme exorbitante de 100 $ chacune. Les ruches prospérèrent et, dès l'année suivante, les ruches d'origine étaient passées à neuf colonies. Telle était l'importance des abeilles aux yeux des insulaires, non seulement pour la production de miel mais également pour stimuler l'industrie de la canne à sucre.

CIRE ET IMPÔT

Il n'y avait pas que les Anciens qui se servaient du miel pour le commerce et le paiement de redevances. Le *Domesday Book*[1] renferme plusieurs références aux ruches et au miel que les villes du royaume utilisaient comme paiement. Au XIe siècle, on sucrait la bière allemande avec du miel, et les redevances féodales aux seigneurs étaient versées en miel ou en cire.

Depuis bien longtemps, les gens savaient que les abeilles produisaient du miel, qu'elles piquaient et qu'elles augmentaient leur population grâce à l'essaimage. Au XVIIe siècle, l'homme avait appris à se servir efficacement de la fumée pour contrôler les abeilles et dut inventer le voile pour se protéger des piqûres. Au cours des deux siècles qui suivirent, on fit quelques importantes découvertes sur lesquelles se fonde l'apiculture moderne. En voici quelques-unes :

[1] Registre cadastral établi à la demande de Guillaume le Conquérant après sa conquête de l'Angleterre en 1066.

- le fait mystérieux que la reine soit la mère de presque tous les autres occupants de la ruche ;
- le développement d'œufs non fertilisés en faux-bourdons adultes ;
- les techniques d'accouplement de la reine ;
- l'élevage d'une nouvelle reine par les autres abeilles si la vieille reine disparaissait ;
- l'invention de ruches à structure mobile ;
- la façon de diviser une colonie plutôt que d'attendre l'essaimage ;
- la mise au point d'une assise pour les rayons de miel de façon à ce que les abeilles puissent construire des rayons droits qui sont plus faciles à manipuler ;
- la découverte qu'on pouvait centrifuger le miel à partir des rayons pour les réutiliser.

Le travail effectué sur les maladies des abeilles et leur contrôle, et la compréhension du rôle du pollen pour produire les colonies les plus fortes ont également accru la production et mené à l'organisation moderne, commerciale, de l'industrie du miel.

IL N'Y A PAS D'ABEILLES AUX ANTIPODES !

Les abeilles furent introduites en Australie en 1822 et en Nouvelle-Zélande en 1839. Ce fait semble étonnant, compte tenu que certains des miels les plus recherchés dans le monde viennent de ces pays puisqu'il n'existait pas d'espèces d'abeilles indigènes avant ces années.

PIÈGE À MIEL – PIÈGE À ARGENT

Peu de pays tenaient davantage le miel en haute estime que la France. Comme dans d'autres pays d'Europe à l'époque féodale, le miel servait en France de source de revenu fiscal, les seigneurs pouvant recueillir cette taxe des cueilleurs de miel et des apiculteurs. Ces derniers devaient donner une part du miel et de la cire qu'ils produisaient. En 1791, pendant la Révolution française, le gouvernement de l'époque exigeait un registre de toutes les ruches, ce qui eut pour résultat que de nombreux propriétaires de ruches préférèrent les détruire plutôt que de payer plus d'impôt. Ensuite, pendant une longue période, l'apiculture fut malheureusement négligée.

En 1934, on édicta une étrange loi selon laquelle un apiculteur était imposé en fonction des taux agricoles si les abeilles étaient nourries sur sa propriété, mais sur des taux plus élevés si les abeilles se nourrissaient chez un voisin, et alors, le miel pouvait être imposé à titre d'entreprise non commerciale. Imaginez le travail d'un vérificateur de l'impôt! De toute évidence, cette loi est maintenant:

> *« L'an dernier, j'ai visité un producteur local de miel*
> *d'acacia dans le sud-ouest de la France,*
> *près d'où j'habite. On avait envoyé les abeilles se nourrir*
> *sur les nombreux acacias dans la région et, je n'imagine pas*
> *qu'elles avaientla permission du propriétaire. »*

La Corse est encore aujourd'hui renommée pour son miel, mais à l'époque de l'occupation romaine, son peuple devait verser un tribut annuel de 90 tonnes de cire, ce qui signifie que les abeilles devaient produire plus de 2 mille tonnes de miel par année.

L'HYDROMEL

L'histoire du miel serait incomplète si elle ne tenait pas compte de l'hydromel, qui est probablement la plus vieille boisson fermentée. Le mot anglais, *mead* (hydromel) est sans doute lié aux divers mots désignant le miel dans différentes langues. Nous ne savons pas qui, le premier, a fabriqué l'hydromel, mais cela s'est produit il y a environ 7 000 ans. Il existe des récits selon lesquels le roi Salomon et la reine de Saba se firent porter un toast à l'hydromel lors de leur mariage, et l'hydromel est la boisson nationale en Éthiopie, où on le connaît sous le nom de T'ej et où on le produit depuis 5 000 ans.

La découverte fut peut-être faite après qu'une personne eut trouvé dans une vieille ruche ou un tronc d'arbre, du miel qui avait été dilué avec de l'eau de pluie et de la levure sauvage des alentours. Quelle qu'en soit l'origine, la fermentation servait à purifier l'eau non potable.

UNE GOUTTE D'HYDROMEL, CHER HENRI?

Le brassage de l'hydromel devint une tradition en Europe du Nord, dans les régions qui ne permettaient pas la culture de la vigne pour le vin. Ainsi, les Vikings, les Saxons et les Celtes ont tous été de célèbres amateurs d'hydromel.

L'histoire de la fabrication de l'hydromel en Angleterre est longue mais peu documentée. Après l'abolition des monastères par Henri VIII, les moines spécialisés en apiculture et en production de miel et d'hydromel s'éparpillèrent, si bien que le brassage ne survécut que comme une industrie artisanale à petite échelle, et la bière devint par la suite plus populaire.

Les premiers hydromels étaient fortement épicés afin d'atténuer les saveurs déplaisantes provenant de la fermentation Cela signifie que la fermentation se faisait par essais et erreurs avant les travaux de Pasteur en 1857, quand il découvrit que le processus était causé par un micro-organisme vivant.

LEVONS NOS VERRES AUX NOUVEAUX MARIÉS !

De nombreuses traditions liées au miel et à l'hydromel proviennent de Scandinavie où l'hydromel représente la boisson de l'amour. L'expression lune de miel découle des réjouissances liées aux célébrations nuptiales des Vikings. Si vous pensez que les célébrations de mariage modernes sont longues et coûteuses, songez un instant aux pauvres hôtes des temps anciens. Les invités dansaient et buvaient jusqu'à ce qu'il n'y ait plus d'hydromel et de bière, la célébration se produisant d'habitude un mois lunaire après les épousailles. Si on manquait tôt de boissons il se peut qu'il y ait eu des scènes désolantes. Le fait de boire de l'hydromel était également important en ce qui a trait à la fertilité et à la naissance de fils. Ce fait revêtait une grande importance à l'époque où les enfants mâles jouissaient d'un statut élevé au sein des clans et des factions qui se faisaient la guerre. Les Vikings pensaient aussi qu'en buvant de l'hydromel pendant un mois après le mariage, le premier nouveau-né serait un garçon. On utilisait des coupes spéciales que l'on transmettait de génération en génération, ce qui sous-entend des pouvoirs magiques permettant de produire des enfants mâles. Les naissances mâles constituaient un prétexte supplémentaire pour de grandes célébrations et, comme la teneur en alcool de l'hydromel se situait autour de 12 %, les réjouissances devaient être passablement tumultueuses. Le fabricant d'hydromel avait également une réputation à maintenir et on le félicitait à propos de la réussite du couple de même que pour le nouveau marié qui pouvait alors se vanter de sa virilité et de son pouvoir.

L'apiculture pour les débutants

Pour une grande partie de cette section, je dois beaucoup à Graham Law, un apiculteur qui a représenté pour moi une mine de renseignements. J'ai trouvé son excellent site Internet (www.beeginners.info) à la fois instructif et divertissant et, avec son autorisation, j'ai beaucoup tiré parti de ses connaissances. Ce livre n'a pas pour objet d'examiner en détail l'apiculture, mais le processus est fascinant et il vaut la peine qu'on l'explore. Graham peut veut dire tout ce que vous désirez savoir !

LES RUCHES

La ruche pittoresque « classique » en terrasses qu'on voit fréquemment dans le Royaume-Uni est habituellement la ruche WBC (William Broughton Carr, 1890). Il s'agit d'une ruche à double mur utilisant des boîtes intérieures et des couvercles extérieurs appelés « couvre-cadre ». Au Royaume-Uni, la plupart des apiculteurs amateurs se servent de la ruche nationale britannique à un seul mur, qui utilise les mêmes structures internes que la WBC, mais comporte moins d'éléments à déplacer pendant les inspections de routine. Les autres styles qui sont utilisés au Royaume-Uni et couramment ailleurs, sont la Langstroth et la Commercial. Toutes les deux ne comportent qu'un mur et sont plus larges que la ruche nationale britannique. Au nord du Royaume-Uni, notamment en Écosse, la ruche Smith est populaire. Il s'agit d'un heureux compromis qui utilise les mêmes structures que la ruche nationale sauf que les saillies de la structure, les pointes qui dépassent au sommet de la structure, sont plus courtes. L'équipement fabriqué de manière professionnelle, surtout s'il est fait de bois de cèdre, durera une vie entière et les fabricants sont bien équipés pour la production de masse.

L'ENDROIT, L'ENDROIT

L'endroit « idéal » pour une ruche se trouve à la lisière d'un boisé sur une pente orientée vers le sud, sans accès public ou sentiers proches, hors de portée du bétail et des chevaux. Il devrait également être facile de s'y rendre en véhicule. Les abeilles n'aiment pas les zones humides, comme au milieu d'un bois ou dans une dénivellation. Elles aiment un endroit bien aéré, mais pas dans un tunnel de vent. Le bord d'un taillis est idéal. Les ruches devraient être perchées à environ 30 à 40 cm de hauteur et l'air devrait pouvoir se mouvoir dessous. Les ruches ne doivent pas être situées à moins d'un mètre l'une de l'autre et les entrées ne doivent pas être en ligne droite, parce que cela ne ferait qu'encourager les abeilles à passer d'une ruche à l'autre, ce qui contribuerait à répandre facilement les maladies et aurait tendance à affaiblir certaines colonies au bénéfice des autres.

LA FABRICATION DU MIEL

Les abeilles prennent le nectar, cette substance sucrée et collante qu'exsudent la plupart des fleurs et certains insectes, et le mélangent avec des enzymes que produisent leurs glandes buccales. Ce mélange de nectar et d'enzymes est entreposé dans des rayons de miel hexagonaux en cire jusqu'à ce que la teneur en eau ait été diminuée à environ 17 %. Quand ce niveau est atteint, la cellule est refermée au moyen d'une fine couche de cire pour la sceller jusqu'à ce que les abeilles en aient besoin pour se nourrir. Cette fermeture indique à l'apiculteur que le miel est prêt à être récolté. Le miel ainsi recouvert se gardera presque indéfiniment.

Voici la formule :

SUCROSE (NECTAR) + INVERTASE (ENZYME D'ABEILLE) = FRUCTOSE + GLUCOSE (MIEL)

La reine est retenue dans les parties supérieures de la ruche, appelées hausses, au moyen d'un grillage de métal ou de plastique qu'elle ne peut traverser en raison de sa taille. On l'appelle la grille à reine. Comme les abeilles ne peuvent élever la progéniture au-dessus de la grille, seul le miel est entreposé dans les hausses. À mesure que la saison avance, l'apiculteur ajoute d'autres hausses à la ruche jusqu'au moment de procéder à la récolte de miel. On installe une valve spéciale à sens unique à la place de la grille à reine et, progressivement, toutes les abeilles se trouvent forcées de descendre dans les parties les plus basses de la ruche. Il faut jusqu'à 48 heures aux abeilles pour descendre des hausses. L'apiculteur n'a alors qu'à lever les hausses contenant le rayon de miel. On extrait le miel du rayon en ayant recours à la force centrifuge dans un appareil appelé essoreuse, qui ressemble effectivement à une vieille essoreuse. Les abeilles ne manquent pas de miel puisqu'une robuste colonie peut produire de deux à trois fois plus de miel que nécessaire. Au besoin, l'apiculteur les nourrira de sirop de sucre à l'automne afin de compenser pour la perte de miel.

LA QUALITÉ ET NON LA QUANTITÉ

La raison pour laquelle un producteur à petite échelle peut habituellement fournir un miel de qualité supérieure se résume à la fraîcheur. En plus des sucres qu'il contient, le miel est un mélange complexe de plusieurs substances en quantité infime dont plusieurs sont volatiles et diminuent rapidement après que les abeilles les ont produites. Ce sont là, normalement, les éléments qui contribuent au goût subtil et aux agréables arômes de fleurs. Ce sont aussi les éléments qui disparaissent facilement dans les produits fabriqués en grande quantité. Pour obtenir un produit durable et constant, le producteur de masse doit chauffer rapidement le miel à haute température et débarrasser mécaniquement le miel de ses impuretés. Il produit alors un mélange à partir de plusieurs sources souvent éloignées sur le plan géographique. Il en résulte un miel consistant mais insipide, diront certains, qui peut prendre deux ans ou plus pour passer de l'abeille à la tartine.

LE FILTRAGE

Il est bon de laisser reposer le miel nouvellement extrait pendant 24 heures avant de le filtrer, en particulier s'il est entreposé dans un cabinet de chauffe. Le miel sera plus clair et la plupart des débris flotteront à la surface, rendant ainsi l'opération de filtrage rapide et facile. Le miel chauffé se filtre beaucoup plus facilement que le miel froid, alors on le chauffe un peu, entre 35 et 40 °C pendant quelques jours. S'il est chauffé plus longtemps, un sous-produit de la dégradation du miel appelé HMF (hydroxyméthyl furfural) commence à remonter. Il n'est pas dangereux, mais les autorités peuvent l'utiliser pour déceler un miel mal traité ou corrompu. Plus le miel augmente de température, plus cette dégradation se produit rapidement. Des températures prolongées dépassant 35 °C entraîneront également une modification indésirable de la saveur. Il vaut mieux utiliser deux ou trois filtres en cascade, par exemple deux tamis de cuisine, à mailles larges puis fines, et finir avec un tissu de nylon ou un coton à fromage. Le miel devrait s'écouler d'un grand contenant muni d'un robinet à miel à travers les filtres et vers un autre contenant tout aussi grand.

L'ENTREPOSAGE

Le miel absorbe l'eau, c'est pourquoi il devrait être entreposé dans des contenants de plastique de qualité égale à ceux qu'on emploie pour la nourriture, avec des couvercles étanches. Lorsqu'il est préemballé pour la vente au détail dans des quantités excédant 50 g, selon la loi, le miel ne peut être empaqueté qu'aux poids nets suivants : 57 g, 113 g, 227 g, 340 g, 454 g, 680 g ou en multiples de 454 g. Le miel de moins de 50 g, le miel avec fragments de rayons et le miel en rayon en paquets peut être emballé sans tenir compte de ces règles.

LES RÉCOLTES

Celles-ci peuvent varier de rien du tout à environ 27 kg pendant une bonne saison, mais atteignent ordinairement de 13 à 23 kg par ruche. La récolte pourrait se résumer à moins que rien, si vous avez à nourrir vos abeilles pour les garder en vie pendant une mauvaise année !

ATTENTION AU COLZA OLÉAGINEUX

Je n'ai jamais aimé la substance qui semble avoir pris possession des vastes zones rurales. Quand j'enseignais dans une école primaire, je me souviens, une année, d'avoir dû retirer les enfants de la cour d'école pendant la période de floraison parce que plusieurs élèves asthmatiques avaient du mal à respirer. Comme notre cour était adjacente à un champ de canola, une collègue avait des problèmes d'asthme chaque fois qu'elle enseignait l'éducation physique à l'extérieur. Finalement, le problème s'est résolu lorsqu'on a interdit au fermier d'en faire pousser près de l'école, mais chaque fois que je passe en auto le long d'un champ de colza oléagineux, je dois fermer les fenêtres. L'odeur, si vous n'avez pas eu le plaisir de la sentir, est sucrée, écœurante et persistante, et la couleur est d'un jaune vif, acide.

Avant de me rendre chez Graham, je ne savais pas que le colza oléagineux causait d'immenses problèmes aux apiculteurs. Le miel de colza (qu'on appelle canola aux États-Unis) se cristallise rapidement et on doit l'extraire avant qu'il ne se solidifie dans le rayon. On plante maintenant le colza à la fin de l'automne (colza d'hiver) pour qu'il commence à fleurir au printemps, aussi tôt qu'en mars. On peut aussi le planter au printemps (colza de printemps) pour qu'il fleurisse plus tard, parfois aussi tard qu'en juillet ou en août. Cette saison prolongée peut être une véritable calamité parce que les abeilles butinent d'abord le colza d'hiver, et ensuite le colza de printemps. Comme les abeilles préfèrent le nectar de colza à presque toutes les autres sources possibles de nectar, celui-ci domine alors la récolte de miel pendant toute cette saison.

Si vous le laissez le miel jusqu'à ce qu'ile le miel soit complètement recouvert, comme il est bien recommandé de le faire pour tous les autres miels, alors vous serez alors êtes en retard. Les abeilles auraient plutôt dû commencerPlutôt, les abeilles auraient dû avoir commencé à sceller avec d'une fine couche de cire une partie du miel sur la structure. Autrement, vous vous retrouvez avec du miel solide fermement collé aux rayons.

LES MALADIES

Il s'agit d'une affection qui s'est étendue à toutes les colonies d'abeilles du pays et qui comporte des implications alarmantes en raison des maladies étrangères et de l'ampleur accrue de la résistance aux médicaments parmi les abeilles infectées. La population d'abeilles a gravement décliné et les conséquences sont immenses, non seulement pour la production de miel, mais également pour les autres industries agricoles. Pour rétablir les populations d'abeilles, on en a importé d'Europe et d'Australie, bien qu'on ne sache trop si ce sera une solution à long terme. La crise remonte aux années 1990 alors que les ruches étaient pour la première fois atteintes du *varroa destructor*. Cette mite parasite se nourrit des fluides corporels des abeilles, ce qui fait radicalement chuter les populations d'abeilles sauvages, lesquelles ont pratiquement été éradiquées. Les seules colonies qui survivent sont élevées par des apiculteurs. Sans l'aide d'un éleveur, les abeilles sauvages ne survivent que peu de temps à cause de la maladie. L'assouplissement des règles permettant aux gens d'importer des abeilles d'autres pays n'a fait qu'accroître le risque qu'une nouvelle maladie soit introduite en Grande-Bretagne. Des parasites comme la loque américaine et le taupin petit-ocelle infectent les abeilles d'autres pays, et leur arrivée en Grande-Bretagne est maintenant inévitable. De nombreux éleveurs et fermiers britanniques qui ont des contrats avec des propriétaires de vergers pour polliniser leurs arbres doivent maintenant en importer.

Toutefois, on n'importe dans le pays que des reines seules, ce qui diminue la perspective d'une propagation des infections. Des reines arrivent en paquets avec des ouvrières pour les nourrir, mais les ouvrières sont détruites. Seule la reine est gardée et introduite progressivement dans une nouvelle ruche où elle finit par être acceptée.

L'APICULTURE
COMME PASSE-TEMPS

L'apiculture est un passe-temps saisonnier bien qu'il comporte de nombreuses tâches de routine à accomplir.

LES TÂCHES MENSUELLES

Janvier	Vérifier si les toits et les entrées ne sont pas bloqués par des feuilles ou de la neige.
Février	Vérifier s'il y a suffisamment de nourriture dans les ruches et nourrir les abeilles si nécessaire.
Mars	Changer/nettoyer le plancher. Continuer à surveiller les niveaux de nourriture.
	Surveiller les niveaux de varroa. Cette tâche continue pendant toute la saison à partir de maintenant.
	Si le niveau de mites est élevé, il faudra le plus tôt possible appliquer un traitement.
Avril	Première inspection par une journée douce. Vérifier la santé des abeilles, celle de la reine (présence de la reine pondeuse), et la nourriture.
	Remplacer le vieux rayon.
Mai	Commencer les inspections hebdomadaires de prévention de l'essaimage.
	Ajouter des hausses (boîtes à miel) au besoin.
	Commencer à accoupler les nouvelles reines pour empêcher l'essaimage et bien gérer la ruche.
Juin	Poursuivre les inspections hebdomadaires de prévention de l'essaimage et ajouter des hausses.
	Si les abeilles ont extrait du nectar du colza oléagineux précoce, alors il faudra que ce miel ait déjà été retiré.
Juillet	Continuer d'ajouter des hausses et de faire des inspections pour l'essaimage.
Août	Retirer la principale récolte de miel. C'est le meilleur moment pour appliquer un traitement contre le varroa en utilisant des varroacides.
	Réduire la taille de l'entrée pour empêcher les autres abeilles ou guêpes de voler vos ruches.
Septembre	Nourriture pour l'hiver. Déterminer avec combien de ruches vous souhaitez démarrer l'année suivante en en rassemblant deux pour en créer une seule.
Octobre	Aucune autre inspection interne à partir de maintenant.
	Installer des barrières contre les souris pour l'arrivée de l'hiver.
Novembre	Vérifier de manière routinière les éléments externes, en particulier après des intempéries, en cas de dommages causés par une tempête.
Décembre	Vous devriez assister aux réunions de votre association locale et faire des plans pour l'année suivante en vous fondant sur les expériences de cette année.

Les Types de miel

Le miel existe sous diverses formes et il peut être soumis à de nombreux procédés.

LE MIEL MONOFLORAL

Quand les abeilles bénéficient de larges territoires recouverts d'un seul type de fleurs, comme le trèfle, le tilleul d'Amérique, la bruyère, la verge d'or ou le sarrasin, elles produisent un miel dont la saveur et la couleur sont particulières à cette plante. Ces miels monofloraux ne sont pas couramment mélangés. La plupart des miels qu'on trouve dans les boutiques et les points de vente sont produits à partir de toute une gamme de sources différentes et constituent un mélange de plusieurs types de fleurs. Plusieurs miels monofloraux, comme le miel de manuka, de chardon penché ou le miellat, proviennent de Nouvelle-Zélande.

LE MIEL MONOFLORAL ANGLAIS

Il s'agit surtout de miel provenant de la bruyère et de la lavande de mer. Naturellement, la production commerciale de miel de bruyère coïncide avec les régions de hautes terres et de terrains marécageux situés dans le Lake District, Dartmoor, Exmoor et les Quantocks, le Peak District et les landes du Yorkshire. La lavande de mer est produite le long des zones côtières dans l'East Anglia et en Écosse.

LE MIEL DE BRUYÈRE

Pour produire le miel de bruyère, il faut apporter les abeilles dans les landes entre mai et juillet pour qu'elles butinent la bruyère en fleurs. Les apiculteurs s'inquiètent de la proximité de plantations de colza oléagineux qui risque de contaminer le miel et d'entraîner sa cristallisation rapide et son durcissement dans les rayons. Le nectar et le pollen provenant de la bruyère, surtout de la bruyère de Ling et de la bruyère cendrée, créent un miel dont le goût est prononcé et la couleur, sombre. Les avantages pour l'environnement des landes de bruyère cultivées se répercutent aussi sur la production de miel. Cette culture implique le fait d'incendier périodiquement la bruyère pour favoriser les jeunes pousses, ce qui entraîne une production accrue pour les abeilles.

Il est intéressant de souligner que le miel de la région de Dartmoor avait été inscrit dans le *Domesday Book*. Un des principaux producteurs est l'abbaye de Buckfast, où on a créé une variété d'abeilles à partir d'un croisement entre l'abeille domestique anglaise et l'abeille italienne. Ces abeilles n'ont pas tendance à essaimer et sont d'excellentes cueilleuses de miel.

Vers la fin de juillet, on transporte les abeilles jusqu'à la bruyère de Dartmoor pour la floraison qui dure du mois d'août au début de septembre. puis, on les rapporte à l'abbaye, ce qui prend environ dix jours.

LE MIEL DE LAVANDE DE MER

La couleur de ce miel varie du jaune pâle au vert quand il est liquide, mais se cristallise rapidement en une texture lisse ayant une saveur douce mais distincte. La lavande de mer, qui fait partie de la famille du statice, souvent cultivée pour être séchée, croît sur les bancs de boue des marais salés tidaux autour de l'estuaire de la Tamise, sur les littoraux du Norfolk et du Suffolk, et le long de la côte écossaise. Ce sont des régions où l'érosion par la mer a toujours représenté un problème, et on y a érigé des digues, des systèmes de protection et des canaux pour contenir l'eau. Ces travaux ont créé un habitat parfait pour la lavande de mer et on peut y recueillir le miel en grande quantité. La majeure partie de ce miel est consommé sur place, de toute évidence parce que les gens l'apprécient. On déménage les ruches dans les zones en floraison le long des lits de rivières au mois d'août. Comme c'est une période où la floraison de la plupart des autres plantes est pratiquement terminée, il s'agit là d'une source bienvenue de nectar.

LE MIEL DE FLEURS DE POMMIERS

On le produit dans le Devon et dans les vergers du Kent, le jardin de l'Angleterre. La plupart des autres miels monofloraux ne sont pas produits commercialement en Grande-Bretagne et on ne peut les obtenir qu'en quantités limitées chez les producteurs locaux.

Les miels de marque provenant d'autres parties du monde constituent le plus souvent un mélange de fleurs, et le nom du miel est associé à l'espèce dominante de fleurs. On peut citer parmi les exemples aux États-Unis le miel de fleurs d'oranger, de tupélo et d'oxydendre en arbre, même s'il existe également des variétés de miel monofloral de ces plantes. En France, le miel de lavande et le miel d'acacia semblent dominer, et en Grèce, le miel de thym serpolet est très populaire.

LE MIEL BIOLOGIQUE

Il est pratiquement impossible de produire commercialement du miel biologique en Europe puisque la distance de vol des abeilles, qui est de 4,8 km, se trouve presque toujours à portée d'un champ agricole traditionnel où on a utilisé des produits chimiques d'une manière ou d'une autre. Toutefois, il existe quelques miels biologiques produits à petite échelle, notamment dans des zones insulaires, telles les îles écossaises. Comme de nombreux bons vins produits en Europe, la saveur et la couleur du miel peuvent varier d'une année à l'autre, selon la température pour ce qui est des vins, et selon les espèces de plantes prédominantes pour le miel. Le miel est riche en antioxydants et possède de nombreuses vertus antibactériennes, bien que certains soient jugés plus sains que d'autres. Les saveurs persistantes, qui donnent une indication de leur origine, rendent les différents miels parfaits pour différents usages. Aux États-Unis, il existe plus de 300 sources florales de miel, chacun possédant sa propre couleur et sa propre saveur. Les couleurs varient pratiquement de l'incolore au brun foncé, et les saveurs, de douce à amère. En règle générale, plus le miel est léger, plus son goût est doux. Vous trouverez ci-après un bref résumé de l'arôme, de la saveur et des caractéristiques de plusieurs miels monofloraux d'un peu partout dans le monde. La liste n'est pas exhaustive et je ne prétends pas les avoir tous goûtés. Étant diabétique, je dois malheureusement restreindre ma consommation de miel.

NOM	CARACTÉRISTIQUES	ARÔME
Acacia	Clair, de lumineux à incolore. Demeure liquide longtemps ; bon avec le fromage ricotta.	Vanille et fleurs
Avocat	Lisse, velouté, cassonade ou mélasses.	Parfum de fleurs
Bleuet	Fluide, délicat.	Citronné, fruits verts
Bruyère	Couleur tirant sur l'orange. N'obscurcit pas les thés aux herbes.	Parfum frais et fleuri
Canneberge	Doux et fruité.	Fruité
Chardon étoilé	Couleur claire, épais.	Piquant, anise
Chardon penché	Coloré, doux.	Parfum de fleurs
Châtaigne	Ambre foncé ; demeure longtemps liquide. Forte teneur en minéraux.	Intense, acre
Dirca des marais	On le considère généralement trop fort lorsqu'il n'est pas mélangé.	Piquant

Eucalyptus	Ambre foncé à gris; bon avec le fromage et les thés aux herbes.	Doux, parfum de trèfle
Fleur d'oranger	Se cristallise en une couleur blanche, régulière.	Fleur d'oranger, agrumes
Fraisier	Miel italien très rare, ambre pâle à gris.	Âcre
Garcinia	Couleur très blanche.	Doux
Houx glabre	Foncé et épais.	Parfum très prononcé de fleurs
Lavande	Léger et crémeux.	Parfum de fleurs
Luzerne	Teneur élevée en dextrose; se cristallise rapidement.	Cire d'abeille
Manuka	Renommé pour ses vertus antibactériennes.	Odeur de terre
Miellat*	Épais, foncé. Demeure liquide. Riche en sels minéraux.	Sucré
Mûre	Épais, d'apparence visqueuse, mais transparent.	Parfum de fleurs
Oxydendre en arbre	Astringent, anisé.	Réglisse
Prosopis	Produit à partir d'arbres dégageant une odeur de sucre et de fumée.	Odeur de fumée
Sarrasin	Foncé, âpre avec un arrière-goût persistant de mélasse.	Âcre
Sauge	Épais et visqueux; ne se cristallise pas.	Doux, fruits verts
Soja	Foncé et épais. Arrière-goût fruité.	Âpre et fort
Tawari	Meilleur lorsque frais.	Subtil, doux
Thym	Couleur d'herbe brûlée; importantes propriétés antibactériennes.	Intense
Tilleul	Clair, bon dans les thés aux herbes.	Parfum prononcé
Tournesol	Jaune. Se cristallise rapidement. Utilisé dans les biscuits et les nougats.	Fruité, faible
Trèfle	Clair, léger et jaunâtre, c'est un bon miel de table.	Doux et légèrement piquant
Tupélo	Ambre pâle avec une teinte verte; provient de Floride.	Odeur d'herbes
Verge d'or	Le miel non mûri a une odeur de putréfaction. On l'utilise dans les boulangeries.	Particulier
Vipérine	Texture molle, garder au frigo comme collation.	Parfum de fleurs

*Le miel de miellat diffère des autres miels en ce qu'il est produit dans des zones forestières où les pucerons exsudent une sécrétion sucrée après avoir sucé la sève des feuilles et la surface des plantes.

LE MIEL POLYFLORAL

Les abeilles fabriquent aussi des mélanges naturels de miels provenant de plusieurs fleurs différentes, dans des régions où aucune fleur ne prédomine. On le connaît sous le nom de miel polyfloral. Les producteurs commerciaux mélangent également les miels pendant l'empaquetage pour créer une combinaison de goûts constante qu'ils peuvent reproduire à l'infini.

GLOSSAIRE DU MIEL

MIEL

MIEL EN RAYON : Rayon de cire d'abeilles rempli de miel tel qu'entreposé directement par les abeilles.

MIEL AVEC FRAGMENTS DE RAYON : Miel en rayon dans un pot avec du miel liquide versé autour.

MIEL MÉLANGÉ : Mélange d'au moins deux miels dont l'origine florale, la couleur, la saveur, la densité ou l'origine géographique diffèrent.

MIEL CRISTALLISÉ OU GRANULÉ : Un miel dans lequel une partie de la teneur en glucose naturelle s'est spontanément cristallisée. On produit le miel granulé en mélangeant une portion de miel finement granulé à neuf portions de miel liquide. On entrepose le mélange à environ 14°C (57°F) jusqu'à ce qu'il devienne ferme. Pour reliquéfier le miel naturellement granulé, faites-le chauffer au bain-marie. Desserrez ou enlevez le couvercle du contenant et brassez le miel une fois ou deux pendant qu'il se réchauffe. Aussitôt que les granules sont dissoutes, retirez le miel et faites-le refroidir rapidement. Le miel partiellement granulé ne surit pas.

MIEL FILTRÉ : Miel traité par filtration pour en retirer les grains de pollen et les matières solides étrangères.

MIEL LIQUIDE : On le prépare en coupant les opercules et en faisant tourner le rayon dans un extracteur dans lequel le miel est extrait des cellules grâce à la force centrifuge.

MIEL BRUT : Le miel tel qu'il existe dans la ruche ou tel qu'on l'obtient par extraction, décantation ou filtrage. Il n'est pas chauffé.

MIEL ÉGOUTTÉ : Miel qui a été passé à travers une grille pour en retirer les morceaux de cire, de propolis ou autre matière, sans enlever le pollen.

MIEL FOUETTÉ, BARATTÉ ou *CRÉMEUX :* Miel traité par *cristallisation* contrôlée pour obtenir une consistance lisse qui soit facile à tartiner. Ce miel est populaire aux États-Unis où on l'appelle également miel confit ou fondant de miel.

LA CIRE D'ABEILLE

La cire est produite par les plus jeunes abeilles, âgées de 12 à 18 jours, qui s'agglutinent en grands nombres pour hausser la température de leur corps. Après avoir consommé de copieuses quantités de miel, elles sécrètent lentement, à travers des glandes productrices de cire situées sous leur abdomen, des éclats de cire ayant environ la taille d'une tête d'épingle. D'autres abeilles ouvrières rassemblent les éclats de cire récoltés et s'en servent pour construire les cellules ou pour refermer les cellules contenant du miel dans d'autres parties de la ruche. Pour produire plus ou moins 500 g de cire, les abeilles utilisent environ 2,7 kg de miel. Habituellement, elles cessent de fabriquer de la cire immédiatement après le solstice d'été.

Même si des procédés scientifiques modernes ont permis de mettre au point plusieurs autres substances qui comblent les besoins d'aujourd'hui en matière de cire, nombre d'artisans préfèrent encore les qualités exceptionnelles de la cire d'abeille, un mélange qu'on ne peut reproduire artificiellement. La plupart des cultures modernes ont grandement apprécié sa valeur en tant que marchandise, et la cire d'abeille s'est toujours transigée à prix d'or. Elle est plus particulièrement appréciée dans la confection de chandelles, d'œuvres de batik, de produits cosmétiques et dans la fabrication et l'entretien d'instruments musicaux et de meubles.

LA GELÉE ROYALE

Il s'agit de la substance dont est nourrie une larve qui deviendra éventuellement une reine. C'est une substance blanche crémeuse, très riche en protéines et en acides gras. Elle est produite par les glandes buccales des ouvrières et utilisée pour nourrir les jeunes en croissance. Toutes les larves d'abeilles sont nourries de gelée royale pendant les trois premiers jours de leur développement. Les larves destinées à devenir reines s'en nourrissent pendant tout leur développement larvaire. Chaque reine n'a besoin que d'une cuillérée à thé de gelée royale. En tant que produit pour la santé, cette gelée est très coûteuse et presque insipide. Seules de petites quantités peuvent être retirées des ruches.

LA PROPOLIS

Il s'agit d'une résine que recueillent les abeilles sur les arbres et les plantes. Au retour à la ruche, les abeilles la mélangent avec de la cire et l'utilisent à diverses fins liées à leur protection et à leur défense. La propolis possède des propriétés antibactériennes, antifongiques et anti-inflammatoires que l'homme utilise depuis trois millénaires. La résine est constituée d'environ 50 % de résine, 30 % de cire, 10 % d'huiles essentielles et 5 % de pollen. Les abeilles se servent de la propolis en tant que substance de remplissage agglutinante et de colle pour protéger la ruche et pour qu'elle demeure stérile. Au cours des trente dernières années, la recherche médicale a commencé à découvrir les secrets de la propolis en tant qu'antibiotique naturel. On peut maintenant acheter cette substance sous forme de teinture pour traiter de nombreuses infections.

LES VERTUS
SANITAIRES
du miel

le **Miel**

Depuis des siècles, on utilise le miel pour favoriser la guérison. Les anciennes civilisations connaissaient sa valeur thérapeutique de même que ses qualités d'édulcorant et vénéraient sans doute précisément le miel parce que les gens se sentaient mieux en le consommant. Qui, lorsqu'il était enfant, ne s'est pas fait servir des boissons au miel et au citron pour le rhume ou une gorge irritée ? Vous n'avez qu'à regarder toute la panoplie de remèdes maison utilisant le miel avec d'autres produits et aliments naturels reconnus, y compris le vinaigre et le porridge, ou encore, lire mes autres livres ! Le miel est chimiquement compatible avec une vaste gamme de produits. Son taux d'acidité se compare à celui de nombreux aliments.

Sur le plan nutritionnel, le miel naturel contient de 75 à 80 % de sucre, le reste étant un mélange d'eau ; de minéraux, notamment du phosphore, du calcium et du magnésium ; et d'enzymes. Le miel a une forte valeur énergétique. Une cuillérée à thé de miel fournit environ 15 calories, mais comme il s'agit d'un produit naturel, sa composition varie considérablement.

Un miel mélangé ordinaire contient les éléments suivants par 100 g :

Énergie	307 calories
Protéines	0,4 g
Hydrates de carbone (sucre)	76,4 g
Sodium	en infime quantité
Matières grasses	aucune

Un miel monofloral non pasteurisé peut contenir par 100 g :

Sucres totaux	77,9 g
Dont :	

Fructose	38,2 g
Glucose	31 g
Sucrose	1,5 g
Maltose	7,2 g
Eau	17,1 g
Autres hydrates de carbone	4,2 g
Minéraux, vitamines et enzymes	0,5 g

Les minéraux peuvent comprendre des traces de calcium, de fer, de zinc, de potassium, de magnésium, de sélénium et de manganèse. Ils peuvent contenir des traces de vitamine B (riboflavine, niacine) et une petite quantité de vitamines C.

LES BIENFAITS VOUS VIENNENT DU MIEL – ET NON PAS DE VOS GLYCOPROTÉINES

La science moderne nous a permis d'examiner plus minutieusement les affirmations concernant les propriétés antibactériennes du miel de même que sa composition. La recherche a laissé entendre que le miel pourrait empêcher les microbes de croître parce que :

- son activité aqueuse est faible ;
- sa viscosité restreint la dissolution de l'oxygène ;
- son taux de carbone par rapport à l'azote est élevé ;
- la formation de peroxyde d'hydrogène par le biais d'une modification chimique empêche la croissance de bactéries comme E. coli ;
- il manque de protéines et a une teneur élevée en sucre ;
- son taux d'acidité est faible ;
- il comporte des avantages phytochimiques (des produits chimiques végétaux ayant des vertus antibactériennes) qu'influencent les enzymes des abeilles.

On a également suggéré que les miels plus foncés ainsi que ceux qui ont une forte teneur en eau pourraient avoir des propriétés antioxydantes plus élevées.

Le miel possède les propriétés inhérentes qui nuisent à la croissance ou à la persistance de plusieurs micro-organismes. Les microbes qu'on peut trouver dans le miel sont surtout des levures et des bactéries sporulées.

L'ALCHIMIE DU MIEL D'ABEILLES ET AUTRES FAITS SCIENTIFIQUES

LES LEVURES

Tous les miels naturels contiennent des levures résistantes au sucre qui sont détruites pendant la pasteurisation.

LA FERMENTATION

Celle-ci ne se produira pas dans le miel dont la teneur en hydrates de carbone dépasse 83 %, dont la teneur en humidité est inférieure à 17,1 %, dont la température d'entreposage est inférieure à 11 °C ou qui a été soumis à des traitements thermiques. Le procédé qui consiste à chauffer le miel avant la filtration contribue aussi à le purifier, mais ne le pasteurise pas. Si le miel est convenablement extrait, traité et entreposé, il ne devrait pas fermenter.

LE POINT DE CONGÉLATION

Le point de congélation d'une solution de miel à 15 % se situe à peu près à - 1,45 °C. Une solution de miel à 68 % gèle à - 5,8 °C.

LA PASTEURISATION

Certains miels sont soumis à des traitements thermiques pour empêcher une fermentation indésirable et pour retarder la cristallisation. Un traitement thermique courant se situe à 77 °C pendant deux minutes suivi d'un refroidissement rapide à 54 °C. S'il est excessivement chauffé, le miel peut se détériorer.

LES ENZYMES

Les enzymes présents dans le miel contribuent à la digestion de sucres bruts et d'amidon. Le sucre que contient le miel est sous forme très simple, prédigérée, directement absorbé par notre corps. Pour être digéré et absorbé, le sucre normal doit être décomposé en des formes plus simples. Le miel peut aider à la digestion, mais comme sa teneur en calories est élevée, il ne vous gardera pas mince. Soyez aussi conscient que le miel, comme tous les autres aliments sucrés, provoque des caries dentaires.

MIEL, GUÉRIS-MOI !
UTILISATION POUR LES SOINS DE
SANTÉ ET LES SOINS CORPORELS

PAS POUR TOI, MON PETIT CHÉRI

Il convient de s'attarder sur le fait de donner du miel aux enfants de moins d'un an. Le botulisme infantile est une maladie paralytique causée par un micro-organisme. Les spores peuvent germer, croître et produire une toxine dans l'intestin inférieur de certains enfants. Le miel peut être à l'origine de ces spores, et les enfants y sont fragiles jusqu'à ce que leurs bactéries intestinales se soient développées. Les enfants plus âgés et les adultes sont normalement capables d'ingérer les spores sans dommage.

LE DIABÈTE ET LE MIEL

On peut intégrer le miel à un régime pour diabétiques mais, pour garder sous contrôle leur niveau de glycémie, ceux-ci doivent se conformer aux consignes médicales qui leur sont données en cette matière. Comme toujours, il y a des aspects positifs et négatifs. La solution pour contrôler mon propre diabète, un diabète de type II, consiste à maintenir un équilibre et à restreindre ma consommation de miel, de même que de sucre, de sel, de succédanés du sucre, de viandes rouges, de gras, etc., tout en mangeant une grande quantité de fruits et de légumes, de poissons, de viandes blanches et de céréales de grains entiers. Le miel est un produit naturel et il offre de nombreux autres avantages, alors je pense qu'il vaut la peine de l'intégrer à ma diète, mais avec modération.

Les suggestions qui suivent peuvent offrir des solutions à toute une gamme d'affections bénignes ou prévenir des situations plus graves. Dans le doute, ou si vous prenez déjà des médicaments prescrits, vous devriez toujours suivre les conseils de votre médecin. Plusieurs de ces suggestions proviennent de sources obscures dont les résultats ne sont pas démontrés, alors vous devriez les suivre avec un grain sel… ou une goutte de miel.

ARTHRITE

En application locale :
Prenez une cuillérée à table de miel et deux cuillérée à table d'eau tiède. Ajoutez une petite cuillérée à thé de cannelle en poudre, faites-en une pâte et appliquez-la sur la partie du corps affectée.

Comme boisson au miel et à la cannelle :
Prenez une tasse d'eau chaude avec deux cuillérées à dessert de miel et une petite cuillérée de cannelle en poudre trois fois par jour.

Boisson au vinaigre :
Buvez un verre d'eau avec deux cuillérées à thé de vinaigre de cidre et deux cuillérées à thé de miel trois fois par jour. Cette boisson dissout les dépôts cristallins d'acide urique qui se forment entre les articultations.

Remède danois :
Prenez une cuillérée à table de miel et une demi-cuillérée à thé de cannelle en poudre avant le déjeuner.

Bien que ces remèdes semblent efficaces, renseignez-vous toujours auprès de votre médecin avant de tenter un autodiagnostic ou de décider de prendre une médication pour soulager tout symptôme.

BOUTONS

Mélangez trois cuillérées de miel et une cuillérée à thé de cannelle en poudre. Appliquez cette pâte sur les boutons avant de dormir et lavez-la le lendemain matin à l'eau chaude. Répétez le traitement chaque jour pendant deux semaines.

CALVITIE

Appliquez une pâte faite d'huile d'olive chaude, d'une cuillérée à table de miel et d'une cuillérée à thé de cannelle en poudre avant de prendre un bain. Gardez ce mélange pendant environ 15 minutes avant de vous laver les cheveux.

CHOLESTÉROL

Apparemment, deux cuillérées à table de miel et trois cuillérées à thé de cannelle dissoutes dans l'eau auraient diminué le niveau de cholestérol dans le sang de 10 % en deux heures dans le cadre d'une expérience.

Pour remplacer la confiture, faites une pâte avec du miel et de la cannelle en poudre. Étendez-la sur du pain ou une rôtie. On dit que cela diminue le cholestérol qu'on absorbe en mangeant le pain ou la rôtie avec du beurre ou des confitures.

COLITES

Le vinaigre de cidre et le miel ont été utilisés de manière efficace dans le traitement des colites. Prenez deux cuillérées à thé de vinaigre de cidre et de miel avec de l'eau trois fois par jour.

CONSTIPATION

En ce qui a trait à la constipation, il semble que le miel soit un laxatif populaire.

DÉSALTÉRANT

En plus de ses excellentes propriétés médicinales, le miel est, semble-t-il, un bon désaltérant. Les nomades apportent du miel et de l'eau pour traverser les déserts, et on a utilisé le miel depuis des siècles pour sucrer le thé et le café.

UN DÉSINTOXICANT ET UN STIMULANT

Le fait de prendre du miel avec de l'eau chaude et une tranche de citron permet de commencer la journée du bon pied. Cette boisson constitue un supplément bien meilleur pour vous que la caféine.

ECZÉMA

Prenez du vinaigre de cidre et du miel dans un grand verre d'eau trois fois par jour avec vos repas. En aucune circonstance vous ne devriez prendre du sel parce que celui-ci augmente considérablement l'eczéma.

FATIGUE

La fatigue chronique avertit que le corps nécessite une certaine attention. Pour remédier à un sommeil de piètre qualité, on recommande fortement le miel parce qu'il agit comme un sédatif pour le corps. Vingt minutes après avoir été ingéré, le miel a déjà été digéré et absorbé par le corps. C'est parce qu'il s'agit d'un sucre prédigéré, déjà digéré dans l'estomac de l'abeille à miel qu' il n'exige aucun effort de digestion de la part de l'estomac humain. Gardez le mélange qui suit à votre chevet pour le prendre tel qu'indiqué : trois cuillérées à thé de vinaigre de cidre de pommes pour 275 ml de miel.

Prenez deux cuillérées à thé de ce mélange avant de vous mettre au lit. Il devrait provoquer un sommeil profond dans l'heure qui suit. Si toutefois vous n'avez pu vous endormir pendant cette période, reprenez le même mélange.

Les gens âgés qui prennent du miel et de la poudre de cannelle en parts égales sont plus vigilants et plus souples. On devrait prendre en après-midi, vers 15 h, une demi à une cuillérée à table de miel dans un verre d'eau saupoudré de cannelle quand le corps commence à manquer d'énergie.

FLATULENCES

D'après des études réalisées en Inde et au Japon, si on prend du miel avec de la cannelle en poudre, les gaz ne se forment pas dans l'estomac.

FURONCLES

Les furoncles sont assez douloureux et parfois on doit les percer. Une cuillérée à table de vinaigre de cidre et une cuillérée à table de miel mélangés dans une tasse d'eau chaude au moins deux fois par jour peuvent apporter un soulagement ; vous devriez aussi boire beaucoup d'eau. Si le furoncle ne forme pas une tête à l'endroit où il s'ouvrira, continuez de boire l'infusion au vinaigre et au miel ainsi que l'eau. Appliquez un coussin chauffant sur le furoncle pendant 15 à 20 minutes trois fois par jour. Il importe aussi de ne pas pincer un furoncle.

GORGE IRRITÉE

Un bain de bouche constitué de vinaigre de cidre de pommes et d'eau peut soulager énormément une gorge irritée – qu'il s'agisse d'une infection bactérienne ou virale. Faites un mélange moitié-moitié et recrachez la solution après vous être gargarisé, ce qui devrait être répété toutes les heures. Après vous être gargarisé, rincez-vous la bouche à l'eau claire pour empêcher l'acide d'endommager l'émail de vos dents. Le miel est bon pour les gorges irritées, la toux et le rhume. Du miel et du jus de citron dissous dans l'eau à parts égales est une boisson calmante.

HYPERTENSION

Les personnes qui en souffrent doivent mettre l'accent sur les aliments naturels – des aliments sous forme de fruits et légumes frais – et sur le miel, plutôt que sur des aliments fortement protéinés, notamment les œufs, la viande, le lait, le fromage, les noix, les fèves, etc. Il faut maintenir un équilibre entre les protéines et les hydrates de carbone. On devrait prendre la dose suivante : deux cuillérées à thé de vinaigre de cidre de pommes et du miel dans un verre d'eau – jusqu'à trois ou quatre fois par jour.

INDIGESTIONS

La cannelle saupoudrée sur deux cuillérées à table de miel prise avant la nourriture diminue l'acidité et favorise la digestion. Ce mélange peut également vous faire prendre beaucoup de poids.

INFECTIONS BUCCALES

Malgré les caries dentaires, le miel possède des propriétés antibiotiques actives et désinfecte la bouche.

INFECTIONS DE LA VESSIE

Prenez deux cuillérées à table de cannelle en poudre et une cuillérée à thé de miel dans un verre d'eau tiède.

INFERTILITÉ MASCULINE

Il semble que si les hommes infertiles prennent régulièrement deux cuillérées à table de miel avant d'aller au lit, leur problème sera réglé.

INFERTILITÉ FÉMININE

En Extrême-Orient, les femmes infertiles prennent une pincée de cannelle en poudre dans une demi-cuillérée à thé de miel et appliquent le mélange sur leurs gencives fréquemment pendant toute la journée de sorte qu'il se mêle lentement à la salive et pénètre le corps.

IMPUISSANCE, ÉJACULATION PRÉCOCE ET VIRILITÉ

On croit que le fait de mélanger des graines de cardamome bouillies avec du lait et une cuillérée de miel constitue un excellent remède contre l'impuissance, l'éjaculation précoce et le manque de virilité.

En Orient, le gingembre s'est montré à la hauteur de sa réputation comme étant une plante puissante. La littérature indienne recommande un mélange de jus de gingembre, de miel et d'œufs à demi bouillis, pris chaque soir pendant un mois, comme remède contre l'impuissance.

INSOMNIE

Les traitements qui suivent, au vinaigre de cidre et au miel, ont donné d'excellents résultats : deux cuillérées à thé de vinaigre de cidre et deux de miel dans un verre d'eau à prendre avant de se mettre au lit. Il serait aussi bénéfique de garder un verre de ce mélange à son chevet pour en prendre de petites gorgées au besoin.

LONGÉVITÉ

Une infusion de miel et de cannelle ralentit les ravages du vieillissement lorsqu'elle est prise régulièrement. Prenez quatre cuillérées à thé de miel, une cuillérée à thé de cannelle en poudre et trois tasses d'eau, et faites bouillir le mélange. Buvez-en au cours de la journée. Cette mixture garde la peau fraîche et douce et on dit qu'elle retarde le vieillissement. Autre suggestion : mélangez du miel, de la farine de maïs et du jus de citron vert. Ce mélange constitue un bon humidificateur et atténue les problèmes de peau sèche. Voir la section sur les traitements cosmétiques pour d'autres idées.

MAUVAISE HALEINE

En Amérique du Sud, des gens se gargarisent chaque matin avec une cuillérée à thé de miel et de cannelle en poudre mélangés dans de l'eau chaude, pour que leur haleine demeure fraîche toute la journée.

MAUX DE DENTS

Comme le miel est un sucre et que ce dernier provoque des caries dentaires, il pourrait sembler que ce remède équivaut à jeter de l'huile sur le feu.

Faites une pâte avec une cuillérée à thé de cannelle en poudre et cinq cuillérées à thé de miel. Appliquez cette pâte sur la dent douloureuse trois fois par jour. Mieux encore, rendez-vous régulièrement chez votre dentiste.

MAUX DE TÊTE

Beaucoup de gens soulagent leurs maux de tête en ayant recours au miel. Deux cuillérées à thé prises à chaque repas pourraient bien les prévenir.

PERTE DE POIDS

Mélangez une cuillérée à thé de vinaigre de cidre de pommes et une cuillérée à table de miel dans un verre de 240 ml de jus de pamplemousse. Buvez un verre avant chaque repas comme coupe-faim. Un autre moyen consiste à boire du miel et de la poudre de cannelle bouillis dans une tasse d'eau avant le déjeuner et le soir avant d'aller au lit.

PRÉVENTION DE LA CICATRISATION

Quand le miel est exposé à l'air, il s'humidifie. Ceci peut aider à prévenir la cicatrisation en gardant la peau humide et en contribuant à la croissance d'une nouvelle peau. De plus, cela empêche les pansements de coller à une plaie ouverte. Pour toutes ces raisons, on peut utiliser le miel comme un hydradant et un produit pour les soins de la peau. Voir à la page 69.

RHUME DES FOINS

J'ai vu des résultats renversants fondés sur cette idée, sur un seul patient, je l'admets, mais j'ai été impressionnée par la théorie de la tolérance orale, selon laquelle les humains s'habituent à ce qu'ils ingèrent. Si des gens absorbent des pollens locaux par l'entremise d'un miel riche en pollen, les réactions allergiques au pollen comme le rhume des foins au printemps et en été devraient diminuer. Même si cela semble étrange, ça a fonctionné pour le petit ami de ma fille sans qu'il doive prendre de médicaments. Évidemment, vous devez savoir à quel pollen vous êtes allergique pour que cela fonctionne bien.

Cette affection se caractérise par des yeux larmoyants, des éternuements et un nez qui coule ; autrement dit, il y a un excès de fluides dont le corps tente radicalement de se débarrasser. Le miel et le vinaigre de cidre soulagent également de manière efficace. Prenez une cuillérée à table de miel après chaque repas pendant une quinzaine de jours environ avant le début de la saison du rhume des foins. Vous devriez ensuite prendre deux cuillérées à thé de vinaigre de cidre et deux de miel dans un verre d'eau trois fois par jour. Vous devriez maintenir ce dosage pendant toute la saison du rhume des foins.

SÉDATIF

On dit que deux cuillérées à thé de miel dans un verre de lait chaud constituent un bon sédatif.

SYSTÈME IMMUNITAIRE

L'ingestion quotidienne de miel renforce le système immunitaire et protège le corps des bactéries et des attaques virales. Le miel contient diverses vitamines ainsi que du fer. Une utilisation constante du miel renforce les globules blancs pour combattre les maladies bactériennes et virales.

TOUX

Il existe de nombreux types de toux et on devrait les traiter en tenant compte de leur nature et de leur intensité. Toutefois, le traitement au vinaigre et au miel peut en soulager certains.

Toux qui irrite la gorge :
On devrait prendre avant les repas, ou lorsque l'irritation survient, deux cuillérées à thé de vinaigre de cidre et deux de miel mélangées à un grand verre d'eau. En soirée, ce serait une bonne idée d'avoir ce mélange près de votre lit pour en prendre de petites gorgées pendant la nuit.

Si vous êtes vraiment brave, ou désespéré, essayez ceci :
Soulagez votre toux en mélangeant une demi-tasse de vinaigre de cidre de pommes, une demi-tasse d'eau, une cuillérée à thé de poivre de Cayenne et quatre cuillérées à thé de miel. Prenez une cuillérée à table quand la toux commence et une autre au coucher.

VERTUS CURATIVES

Plusieurs facteurs peuvent expliquer les vertus curatives du miel. Les infections bactériennes ont besoin d'eau pour se développer, mais les sucres dans le miel attirent l'eau et peuvent ainsi en priver les bactéries. Le miel contient du pollen d'abeilles et des enzymes de propolis. Ceux-ci agissent à l'intérieur même du miel pour stériliser les blessures et contribuer à la guérison. Le glucose oxydase qu'on retrouve dans le miel se combine à l'eau et produit du peroxyde d'hydrogène dont les vertus antiseptiques sont libérées quand le miel entre en contact avec la peau. Divers types de miel contiennent différentes substances antibactériennes.

ULCÈRES

Le miel aide à guérir et à stériliser les blessures de même que les ulcères et contribue à la croissance d'une nouvelle peau. Le miel de manuka est particulièrement important compte tenu de son efficacité contre les bactéries plus résistantes.

YEUX FATIGUÉS ET IRRITÉS

Le vinaigre de cidre et le miel sont les deux ingrédients essentiels de cette thérapie. Prenez deux cuillérées à thé de chacun dans un grand verre d'eau trois fois par jour. Ce mélange retarde le début de la fatigue et de l'irritation oculaires qu'on commence habituellement à ressentir en vieillissant, puisqu'il fournit aux yeux les éléments essentiels à leur santé et à leur bon fonctionnement.

THÉRAPIE À BASE DE VENIN D'ABEILLE

Beaucoup de gens en Extrême-Orient et en Europe de l'Est vantent les vertus de cette thérapie radicale pour traiter les maladies rhumatismales, l'arthrite, la sclérose en plaques et une foule d'autres affections. Toutefois, on ne devrait l'utiliser qu'après mûre réflexion et après en avoir discuté avec un apithérapiste et un médecin. La thérapie devrait être scrupuleusement surveillée : vous n'allez pas seulement agacer une abeille jusqu'à ce qu'elle vous pique. Les enthousiastes recommandent d'utiliser tous les produits de la ruche qui œuvrent de concert pour renforcer votre système immunitaire. Cela signifie utiliser la gelée royale, la propolis, les capsules de pollen, de même que du miel brut, non traité, du millepertuis, du ginkgo, du ginseng, de l'ail et de la vitamine C quotidiennement.

RÉACTION AU VENIN D'ABEILLE

Le venin d'abeille est produit par la piqûre d'abeille et certaines personnes y sont allergiques. Plusieurs réactions peuvent se déclencher, mais normalement les piqûres provoquent une réaction localisée consistant en une rougeur et une enflure entourant l'endroit de la piqûre. Une réaction plus grave surviendra lorsque l'enflure se répand dans tout le membre, entraînant des problèmes de mobilité.

Les réactions les plus graves surviennent lorsque la piqûre provoque une rougeur intense de la peau, de l'irritation et de la difficulté à respirer pouvant aller jusqu'à une perte de connaissance. Il s'agit alors d'une réaction anaphylactique qui exige une intervention médicale d'urgence.

LES SOINS ESTHÉTIQUES À BASE DE MIEL

Cléopâtre en connaissait un rayon sur la beauté. Ses célèbres bains de lait et de miel fonctionnaient parce que le miel est un hydratant, ce qui signifie qu'il attire et retient l'humidité. (C'est aussi pourquoi il est si utile en pâtisserie.)

Vous pourriez être tenté d'essayer quelques-unes de ces idées pour vos soins de beauté. Si vous avez une peau sensible, essayez un nouveau produit, qu'il soit naturel ou non, sur une petite surface de peau en premier, puis attendez un moment pour voir s'il n'y a pas d'effet négatif. Soyez aussi conscient du fait que, quand vous utilisez de l'avoine avec du miel et des huiles, vous pouvez bloquer les renvois d'eau, alors agissez de manière écologique et enlevez les masques de beauté et les nettoyants avec soin.

Certaines de ces idées sont vraiment simples, ne nécessitant que quelques ingrédients qu'on trouve chaque jour sur les tablettes de magasins, d'autres sont un peu plus exigeantes et quelques-unes sont tout simplement renversantes!

RECETTES DE
SOINS ESTHÉTIQUES

le **Miel**

MASQUE HYDRATANT TRÈS SIMPLE, DE STYLE CLÉOPÂTRE

Ingrédients
>   2 c. à table de miel
>   2 c. à thé de lait

Préparation
Mélangez le miel et le lait. Appliquez délicatement sur le visage et la gorge. Laissez le mélange pendant 10 minutes avant de le rincer à l'eau chaude.

MASQUE FACIAL RAFFERMISSANT

Ingrédients
>   1 c. à table de miel
>   1 jaune d'œuf
>   1 c. à thé de glycérine
>   Environ 2 c. à table de fécule de maïs

Préparation
Incorporez tous les ingrédients et suffisamment de fécule de maïs pour former une pâte. Appliquez doucement sur le visage et la gorge. Laissez le mélange 10 minutes pendant que vous vous détendez, avant de rincer le tout à l'eau tiède.

EXFOLIANT AU MIEL ET AUX AMANDES

Ingrédients
>   8 amandes entières non blanchies
>   2 c. à table de flocons d'avoine
>   1 c. à table de miel
>   2 c. à thé de yogourt

Préparation
Passez les amandes et les flocons d'avoine dans un mélangeur pour obtenir une mouture fine. Mélangez le miel et le yogourt. Appliquez sur le visage et le cou en évitant les yeux, et laissez pendant une dizaine de minutes. Massez avec les mains mouillées pour exfolier doucement. Rincez et tapotez jusqu'à ce que le tout soit sec.

MASQUE HAWAÏEN

Ingrédients (2 traitements)
- ½ papaye râpée
- ½ ananas frais en dés
- 2 c. à thé de thé vert
- 2 c. à thé de miel

Préparation

Il est plus simple d'utiliser des poches de thé vert mais vous pouvez aussi faire infuser le thé vert dans moins d'une demi tasse d'eau bouillante. Pendant que l'infusion refroidit, pelez une papaye et retirez-en les graines. Mélangez la papaye et l'ananas jusqu'à ce qu'ils soient en purée. Mélangez le miel aux fruits et ajoutez le thé vert refroidi (ne le laissez pas devenir trop liquide). Mélangez bien. Appliquez sur le visage du bout des doigts et 10 à 15 minutes. Enlevez le tout avec de l'eau tiède et des papiers mouchoirs. Vous pouvez conserver le surplus dans un contenant recouvert au frigo jusqu'à une semaine.

NETTOYANT AU MIEL, AUX AMANDES ET AU CITRON

Ingrédients
- 1 c. à table de miel
- 2 c. à table d'amandes finement moulues
- ½ c. à thé de jus de citron

Préparation

Mélangez tous les ingrédients et tamponnez délicatement sur le visage. Rincez à l'eau chaude.

CRÈME POUR LES YEUX AU CONCOMBRE ET AU MIEL

Faites toujours attention quand vous appliquez de nouveaux ingrédients sur votre visage, particulièrement sur la peau délicate sous les yeux. Évitez de mettre quelque ingrédient que ce soit dans vos yeux. La recette devrait atténuer les cernes et rafraîchir le contour des yeux.

Ingrédients

- ½ c. à table de gel d'aloès
- 1 c. à thé de concombre pelé et épépiné
- ½ c. à thé de miel
- ½ c. à thé de camomille

Préparation

Infusez le thé à la camomille dans une petite quantité d'eau bouillante (environ 1 coquetier plein). Pendant que l'infusion refroidit, mélangez le concombre, l'aloès et le miel. Ajoutez le liquide refroidi et mélange minutieusement. Laissez refroidissir la crème avant de l'appliquer délicatement sous les yeux. Vous pouvez conserver le surplus dans un plat recouvert au frigo jusqu'à une semaine.

MASQUE À L'AVOCAT ET AU CONCOMBRE

Ingrédients

- ¼ de concombre pelé et tranché
- ½ avocat
- 3 c. à table de flocons d'avoine finement moulus
- 3 c. à table d'eau
- 1 c. à table de jus de citron frais
- 1 c. à table de miel
- 8 à 9 c. à table d'argile verte ou de kaolin
- Quelques gouttes d'huiles essentielles (facultatif)

Préparation

Mélange la chair du concombre et de l'avocat dans un robot culinaire avec l'eau et le jus de citron jusqu'à ce que vous obteniez une consistance lisse. Ajoutez les flocons d'avoine, le miel et les huiles essentielles. Versez le mélange dans un bol et intégrez-le à l'argile. Appliquez sur le visage et le cou et laissez le mélange pendant 20 à 30 minutes. Rincez à l'eau chaude, puis utilisez un tonique et un hydratant.

MASQUE À LA CITROUILLE

Les citrouilles sont remplies de béta-carotène et de vitamine A, ce qui en fait un produit particulièrement nutritif pour votre peau. Ce pourrait être une recette idéale pour l'Halloween. Peut-être n'auriez-vous même pas besoin d'un masque !

Ingrédients

1 citrouille miniature ou un morceau d'une plus grosse
4 morceaux d'ananas
1 c. à table de flocons d'avoine finement moulus
1 c. à table d'amandes finement moulues
1 c. à thé de lait
1 c. à thé de miel
1 c. à thé d'huile d'olive
2 gouttes d'huiles essentielles de géranium rosat

Préparation

Utilisez un couteau bien affûté pour vider la citrouille et couper 6 à 8 tranches. Déposez-les (y compris les graines) dans un plat allant au micro-ondes avec environ ¼ de tasse d'eau. Chauffer environ 2 minutes au micro-ondes jusqu'à ce que la chair soit tendre. Laissez refroidir. Pelez les morceaux. Placez la chair de la citrouille, les graines et les filaments dans un petit robot culinaire avec l'ananas et mélangez le tout jusqu'à consistance lisse. Ajoutez les flocons d'avoine, les amandes, le lait et le miel dans cet ordre, en mélangeant après chaque ajout. Incorporez l'huile d'olive, l'huile essentielle au tout et brassez. La texture devrait être riche et lisse, avec une légère consistance granuleuse provenant des amandes.

Appliquez sur le visage nettoyé et tonifié et sur la peau du cou. Laissez le mélange pendant 15 minutes. Rincez à l'eau chaude et appliquez ensuite un hydratant.

POMMADE À LA BANANE

Il s'agit à la fois d'un nettoyant et d'un hydratant qui convient à tous les types de peau, et en particulier aux peaux sèches. L'huile essentielle est facultative.

Ingrédients
½ banane fraîche
1 c. à table de crème à fouetter fraîche
légèrement chauffée
1 c. à thé de miel légèrement chauffé
Environ 1 c. à thé de flocons d'avoine finement moulus
Quelques gouttes d'huile essentielle (facultatif)

Préparation
Écrasez la banane jusqu'à ce qu'elle soit crémeuse. Réchauffez le miel et la crème à fouetter au un micro-ondes pendant environ 15 secondes. Bien brasser et ajouter la pulpe de banane. Ajoutez les flocons d'avoine et l'huile essentielle et brassez encore. Appliquez ensuite le mélange sur une peau humide en massant avec des mouvements doux, balayants, vers le haut. Rincez bien et appliquez ensuite un tonique et un hydratant.

MASQUE AU CONCOMBRE POUR PEAU SENSIBLE

Ingrédients
¼ de gros concombre, pelé et épépiné
1 c. à table de crème à fouetter
½ c. à table de miel clair
Environ 8 c. à thé de flocons d'avoine finement moulus

Préparation
Broyez le concombre pelé et épépiné dans un mélangeur jusqu'à l'obtention d'une consistance liquide. Ajoutez la crème à fouetter et le miel et mélangez pour avoir une texture lisse. Ajoutez les flocons d'avoine et mélangez encore jusqu'à ce qu'il se forme un mélange pâteux. (Ajoutez des flocons d'avoine si le concombre est saturé d'eau.) Appliquez délicatement une épaisse couche sur une peau propre et gardez-la pendant 15 minutes. Rincez à l'eau chaude et appliquez un hydratant.

NETTOYANT FACIAL AU MIEL ET AUX FLOCONS D'AVOINE

Ingrédients
1 c. à table de miel
1 c. à table de flocons d'avoine
2 tranches de concombre

Préparation
Mélangez le miel et les flocons d'avoine jusqu'à consistance épaisse. Ajustez les proportions si nécessaire. Appliquez comme un masque de beauté et placez le concombre sur vos yeux pendant environ ½ heure puis lavez le tout.

NETTOYANT AUX FLOCONS D'AVOINE ET AU MIEL

Tous les ingrédients pour cette recette se trouvent dans n'importe quel placard de rangement. Le choix de l'huile d'olive ou du vinaigre pour mélanger dépend de vous et de votre type de peau. L'huile d'olive convient mieux à une peau normale ou sèche et le vinaigre, si votre peau a tendance à être grasse. Toutefois n'utilisez pas de vinaigre de malt, lequel est produit chimiquement et dégagera une mauvaise odeur, en plus de la possibilité de faire gonfler votre peau. Le mieux serait du vinaigre de cidre ou du vinaigre de n'importe quel fruit sucré. De toute façon, il vous en faut peu. Il se conservera jusqu'à trois mois, alors vous pouvez augmenter la proportion, mais à mon avis, il vaut mieux en faire juste assez pour une seule application.

Ingrédients
1 c. à table de flocons d'avoine finement moulus
1 c. à table de son de blé
1 c. à table de miel
Huile d'olive ou vinaigre de cidre pour former une pâte

Préparation
Dans un bol, mélangez les flocons d'avoine, le son de blé et le miel. Ajoutez suffisamment d'huile d'olive ou de vinaigre de cidre pour former une pâte. Rincez votre visage à l'eau chaude et appliquez le nettoyant en massant doucement votre peau. Rincez à l'eau chaude puis éclaboussez votre visage avec de l'eau froide.

NETTOYANT SIMPLE AUX FLOCONS D'AVOINE ET AU MIEL

Ce masque simple tire parti des propriétés nettoyantes et adoucissantes des flocons d'avoine et des vertus hydratantes du miel.

Ingrédients

3 c. à table de flocons d'avoine

2 c. à table de miel clair

Préparation

Mettez les deux ingrédients dans un bol et brassez bien. Le mélange sera assez épais. Appliquez sur un visage propre et détendez-vous pendant 15 minutes. Rincez bien à l'eau chaude.

NETTOYANT AUX FLOCONS D'AVOINE POUR PEAU SENSIBLE

Ingrédients

240 ml d'eau chaude

120 g de farine d'avoine

1 c. à table de miel

Préparation

Passez tous les ingrédients au mélangeur jusqu'à consistance lisse. Mettez un peu du mélange sur vos paumes et appliquez-le sur votre peau en massant. Rincez à l'eau chaude et tapotez jusqu'à ce que la peau soit sèche.

EXFOLIANT AUX FRAISES ET AU MIEL POUR LE VISAGE

Ingrédients

4 fraises de taille moyenne

60 g de flocons d'avoine non cuits

3 c. à thé de miel

2 c. à thé de thé vert

Préparation

Lavez et équeutez les fraises. Mélangez les flocons d'avoine, les fraises, le thé vert et le miel. Appliquez-en une petite quantité sur la peau en faisant des mouvements circulaires du bout des doigts pour faire pénétrer le mélange, en évitant les yeux. Recommencez jusqu'à ce que le visage et le cou soient recouverts. Rincez complètement à l'eau tiède. Vous pouvez conserver le reste de l'exfoliant dans un contenant fermé au frigo pendant une semaine.

MASQUE À L'ESSENCE DE ROSE ET AU MIEL

Ingrédients
    2 c. à table de miel
    2 c. à table d'huile d'amande douce
    5 gouttes d'huile essentielle de rose
    1 goutte d'huile de vitamine E

Préparation
Mélangez le miel et les huiles. Appliquez sur le visage et le cou en massant du bout des doigts. Détendez-vous pendant 15 minutes, puis rincez le tout à l'eau tiède.

MASQUE VERT AU MIEL

Peut-être que cette recette convient mieux pour l'Halloween ! Vous pourriez aussi l'essayer avec une amie et voir qui saura créer le visage le plus effrayant.

Ingrédients
    1 petit paquet d'épinards frais lavés
    4 c. à table de menthe fraîche
    3 c. à table de miel
    1 c. à thé de gingembre frais écrasé
    1 banane mûre
    2 blancs d'œufs

Préparation
Mélangez les épinards, la menthe et le gingembre. Ajoutez le miel et la banane, et remuez le tout jusqu'à consistance liquide. Ajoutez les blancs d'œufs et mélangez minutieusement. Appliquez une petite quantité sur tout le visage et le cou en évitant les yeux. Conservez le mélange sur la peau de 15 à 20 minutes pendant que vous prenez des photos pour faire peur aux gens. Rincer et appliquer un hydratant.

TONIQUE AUX POMMES

Ingrédients
> 1 c. à table de miel
> 1 pomme pelée, sans le trognon

Préparation
Dans un mélangeur, réduisez le miel et la pomme en purée. Appliquez délicatement sur le visage et laissez pendant 15 minutes. Rincez à l'eau froide.

POMMADE AU MIEL POUR LES LÈVRES

Ce pourrait être une bonne idée de cadeau pour les amis puisque la quantité que vous fabriquez pourrait servir pendant des années, ou encore vous pourriez diminuer de moitié cette quantité. Soyez prudent avec la cire d'abeille chaude.

Ingrédients
> 240 ml d'huile d'amande douce
> 110 g de cire d'abeille
> 2 c. à table de miel

Préparation
Faites chauffer l'huile d'amande et la cire d'abeille au micro-ondes pendant une minute à puissance maximale jusqu'à ce que tout soit fondu. Incorporez le miel à la cire. Une fois le mélange refroidi, versez-le dans de petits contenants avec couvercle. Appliquez sur les lèvres comme hydratant ou sur le rouge à lèvres pour obtenir plus de lustre.

BAIN ADOUCISSANT POUR LA PEAU

Pour un traitement simple et classique, essayez d'ajouter trois ou quatre cuillérées à thé de miel à l'eau de votre bain. Vous en apprécierez la texture soyeuse et l'odeur agréable.

BAIN MOUSSANT AU MIEL

Ingrédients (4 bains)

240 ml d'huile d'amande douce,
d'huile d'olive légère ou d'huile de sésame
175 g de miel
100 g de savon liquide
1 c. à table d'extrait de vanille

Préparation

Versez l'huile dans un bol de taille moyenne et ajoutez le reste des ingrédients en brassant lentement jusqu'à ce que le tout soit bien mélangé. Versez le mélange dans une bouteille de plastique propre avec un bouchon. Agitez doucement avant d'utiliser. Versez-le ensuite sous l'eau chaude qui coule et profitez d'un moment de détente chaleureux et soyeux.

BAIN DE LAIT À LA LAVANDE ET AU MIEL

On peut cueillir la lavande dans le jardin après la floraison par une journée sèche. Pour en récolter facilement les graines, suspendez les inflorescences vers le bas dans un sac de papier, dans un endroit sec. À mesure que les graines mûriront, elles tomberont dans le sac et vous ne vous retrouverez pas avec de la lavande dans toute la pièce.

Ingrédients (2 bains)

3 c. à table de fleurs de lavande séchées
350 ml de lait entier ou de crème
100 g de miel

Préparation

Vous pouvez mettre les fleurs de lavande dans un mélangeur jusqu'à ce qu'elles deviennent poudreuses, ou les écraser avec un pilon dans un mortier. Incorporez cette poudre de lavande au lait et au miel puis versez le mélange dans un pot et scellez-le. Avant de vous en servir, agitez le pot et versez la moitié du mélange sous l'eau chaude. Vous pouvez le conserver dans le réfrigérateur jusqu'à une semaine.

*Si vous préférez quelque chose de plus aventureux
ou de plus ardu, vous pourriez envisager une
de ces solutions de rechange :*

EXFOLIANT AU MIEL ET AU CHOCOLAT

La recette originale exige 225 g de sel, ce qui semble plutôt excessif. Vous pourriez laisser de côté cet ingrédient pour obtenir une consistance lisse, ou ajoutez progressivement le sel jusqu'à ce que vous obteniez la texture souhaitée.

Ingrédients
>3 c. à table de poudre de cacao
>240 ml de miel
>50 ml d'huile

Préparation
Mélangez le miel et l'huile et brassez le tout dans le cacao. Appliquez en massant sur tout le corps avant de rincer dans la douche ou le bain.

EXFOLIANT MATINAL POUR LE CORPS

Ingrédients
>50 g de café fraîchement moulu
>50 ml de lait écrémé
>2 c. à table de germes de blé
>2 c. à table de miel
>1 c. à table d'huile de pépins de raisins ou d'huile légère
>1 blanc d'œuf

Préparation
Mélangez le lait, le miel, l'huile et le blanc d'œuf. Ajoutez lentement le café et les germes de blé en évitant les grumeaux. L'exfoliant devrait être uniforme, et d'une texture légèrement granuleuse. Laissez reposer. Appliquez sur tout le corps dans la douche ou le bain au moyen d'une éponge pour le corps afin de faciliter l'exfoliation. Rincez-vous et séchez-vous. Appliquez votre hydratant préféré. S'il reste de l'exfoliant, vous pouvez le conserver pendant une journée ou deux.

REVITALISANT CAPILLAIRE

Ingrédients
>   120 ml de miel
>   2 c. à table d'huile d'olive

Préparation
Mélangez le miel et l'huile d'olive. Versez-en sur la tête par petites quantités jusqu'à ce que la chevelure soit recouverte. Couvrez-vous les cheveux et laissez reposer pendant 30 minutes. Shampouinez et rincez.

LUSTRANT POUR CHEVEUX

Ingrédients
>   1 c. à thé de miel
>   1 L d'eau chaude

Préparation
Brassez le miel dans l'eau chaude. Après vous être fait un shampoing et vous être rincé, versez le mélange sur vos cheveux sans les rincer.

REVITALISANT CAPILLAIRE AU MIEL DE ROMARIN

Ingrédients   (Pour cheveux normaux)
>   120 ml de miel
>   2 c. à table d'huile d'olive
>   4 gouttes d'huile essentielle de romarin

Préparation
Mélangez minutieusement tous les ingrédients. Versez le mélange dans une bouteille de plastique propre avec un bouchon. Appliquez une petite quantité à la fois pour mouiller légèrement les cheveux avant de les laver. Massez le cuir chevelu et incorporez le mélange aux cheveux. Recouvrez avec une serviette chaude et laissez agir pendant 30 minutes pendant que vous vous détendez dans le bain. Appliquez un peu de shampoing et rincez à l'eau froide.

TRAITEMENT POUR LES PIEDS AU MIEL ET À LA MENTHE

Ce traitement est parfait pour la circulation après une longue journée. Il humidifie et adoucit les pieds fatigués et douloureux.

Ingrédients
- 4 c. à table de gel d'aloès
- 4 c. à thé de cire d'abeille râpée
- 2 c. à thé de miel
- 2 c. à thé de menthe fraîchement hachée (facultatif)
- 6 gouttes d'huile de menthe poivrée essentielle
- 2 gouttes d'huile d'arnica
- 2 gouttes d'huile de camphre
- 2 gouttes d'huile d'eucalyptus

Préparation
Faites fondre la cire d'abeille dans un four à micro-ondes et mélangez avec l'aloès et le miel. Ajoutez la menthe et les huiles en brassant jusqu'à ce que le tout soit complètement homogène. Appliquez après un bain ou une douche sur les pieds et les orteils. Entreposez le reste du mélange dans un endroit frais.

LOTION ADOUCISSANTE POUR LA PEAU

Ingrédients
- 1 c. à thé de miel
- 1 c. à thé d'huile végétale
- ¼ c. à thé de jus de citron

Préparation
Mélangez tous les ingrédients. Frottez-vous-en les mains, les coudes, les talons et autres zones de peau sèche. Laissez le mélange pendant 10 minutes. Rincez à l'eau chaude.

LES USAGES CULINAIRES du miel

BOISSONS

On peut utiliser le miel plutôt que le sucre ou un édulcorant pour sucrer n'importe quelle boisson. Toutefois, n'oubliez pas que le type de miel que vous utilisez pourrait y ajouter de subtiles saveurs. Les recettes choisies ici ne sont qu'un point de départ, en particulier lorsqu'il s'agit de préparer des punchs aux fruits rafraîchissants – une chose que les enfants adorent faire. Une tranche de fruit pour garnir un cocktail de fruits simple et non alcoolisé semble à leurs yeux très mature et très exotique.

BOISSONS POUR LE DÉJEUNER ET BOISSONS FOUETTÉES

BOISSONS AU MIEL

JUS ET PUNCHS NON ALCOOLISÉS

VINS CHAUDS ÉPICÉS, CIDRES, PUNCHS ET BOISSONS DE FÊTES

COCKTAILS

BOISSONS POUR LE DÉJEUNER ET BOISSONS FOUETTÉES

Voici une façon parfaite de commencer la journée avec une bonne dose de fruits. Vous pouvez ajuster les recettes selon la saison ou vos propres goûts.

BOISSON FRUITÉE À LA FRAISE ET AU MIEL

Ingrédients   (4 portions)

570 ml de yogourt glacé à la vanille
1 casseau de fraises équeutées
240 ml de lait écrémé
2 c. à table de miel

Préparation

Passez tous les ingrédients au mélangeur jusqu'à consistance lisse.

BOISSON FRUITÉE À LA PÊCHE ET AU GINGEMBRE

Ingrédients   (4 portions)

240 ml d'eau bouillante
1 petit cube de racine de gingembre frais, pelé et râpé
2 c. à table de miel
2 pêches fraîches, pelées et tranchées
570 ml de sorbet à la pêche
1 c. à table de jus de citron vert

Préparation

1. Mettez le gingembre dans de l'eau chaude avec le miel puis laissez refroidir.
2. Mélangez les pêches, le sorbet et le jus de citron vert puis filtrez le gingembre et l'eau de miel, en les ajoutant dans le mélangeur.
3. Continuez jusqu'à ce que vous obteniez une boisson fruitée homogène.

LAIT FRAPPÉ AUX BAIES, FAIBLE EN GRAS

Ingrédients (4 portions)

570 ml de crème glacée à la vanille faible en gras ou de yogourt glacé faible en gras
1 casseau de fraises ou de baies assorties (framboises, bleuets, etc.)
120 ml de lait écrémé
2 c. à table de miel
Feuilles de menthe (facultatif)

Préparation

1. Mettez dans le mélangeur tous les ingrédients sauf la menthe. Mélangez jusqu'à consistance crémeuse.
2. Servez dans de grands verres givrés avec une feuille de menthe.

BOISSON SANTÉ DU MATIN

Ingrédients (4 portions)

2 bananes
570 ml de jus d'orange
2 petits pots de yogourt à la vanille ou nature
2 c. à table de miel
2 dattes dénoyautées

Préparation

Passez tous les ingrédients au mélangeur pendant environ 1 minute. Ajoutez du jus d'orange si nécessaire.

BOISSON FRUITÉE À LA BANANE

Ingrédients (4 portions)

570 ml de lait écrémé
2 bananes mûres
2 petits pots de yogourt nature
2 c. à table de miel
½ c. à thé de cannelle moulue
1 pincée de noix muscade moulue
Glaçons

Préparation

1. Passez tous les ingrédients au mélangeur, sauf la glace, pendant environ 1 minute.
2. Ajoutez les glaçons un à la fois et mélangez jusqu'à consistance lisse.

LAIT FRAPPÉ À LA POIRE ET AU YOGOURT

Ingrédients   (4 portions)

    425 g de poires en conserve
    240 ml de yogourt nature faible en gras
    1 banane pelée
    2 c. à table de miel
    1 pincée de noix muscade moulue

Préparation

1. Passez au mélangeur les poires avec le jus, le yogourt, la banane et le miel jusqu'à consistance lisse.
2. Versez dans des verres givrés, saupoudrez de noix muscade et servez immédiatement.

BOISSONS AU MIEL

CHAI (THÉ INDIEN ÉPICÉ)

Ingrédients   (4 tasses)

570 ml d'eau
2 sachets de thé noir
2 c. à thé d'extrait de vanille
½ c. à thé de gingembre moulu
½ c. à thé de cannelle moulue
1 c. à thé de piment de la Jamaïque moulu
120 ml de miel
Lait au goût

Préparation
1. Mélangez les épices, le miel et l'eau dans une casserole et portez à ébullition. Ajoutez les sachets de thé et laissez macérer pendant 5 minutes.
2. Enlevez les sachets de thé. Recouvrez et réfrigérez.

Pour servir chaud :
Faites chauffer la base avec le lait selon votre goût dans une casserole ou au four à micro-ondes.

Pour servir froid :
Versez la base, avec ou sans lait sur les glaçons.

CAFÉ MEXICAIN

Ingrédients   (4 tasses)

4 tasses de café chaud de style espresso
200 ml de lait
120 ml de miel
2 c. à table de cacao en poudre
1 c. à thé de cannelle moulue
Crème fouettée sucrée
Copeaux de chocolat

Préparation
1. Mélangez le cacao en poudre et la cannelle avec un peu de lait et le miel pour former une pâte.
2. Ajoutez le café et le lait. Versez dans de grandes tasses ; garnissez de crème fouettée et de copeaux de chocolat.

BOISSON RAFRAÎCHISSANTE ÉPICÉE À LA CAMOMILLE

Vous pouvez ajouter 1 c. à table de jus d'orange dans chaque verre pour varier.

Ingrédients   (4 portions)
    570 ml d'eau
    4 sachets de tisane à la camomille
    4 bâtonnets de cannelle
    16 clous de girofle entiers
    120 ml de miel
    60 ml de jus de citron frais
    Jus d'orange (facultatif)

Préparation
1. Portez l'eau à ébullition dans une casserole moyenne. Ajoutez les sachets de tisane, la cannelle et les clous de girofle et laissez mijoter pendant 5 minutes.
2. Retirez la camomille, la cannelle et les clous de girofle et brassez le tout dans le miel et le jus de citron.
3. Laissez refroidir complètement. Versez sur des glaçons et garnissez de tranches de citron frais.

BOISSON CALMANTE ÉPICÉE AU MIEL ET AUX ÉCHINACÉES

Ingrédients   (4 portions)
    4 sachets de tisane aux échinacées
    4 bâtonnets de cannelle
    8 clous de girofle
    120 ml de miel
    120 ml de jus de citron frais

Préparation
1. Mettez 1 sachet de tisane, 1 bâtonnet de cannelle et 2 clous de girofle dans chaque tasse. Remplissez la tasse aux trois quarts avec de l'eau bouillante et laissez infuser 5 minutes.
2. Retirez le sachet, la cannelle et les clous de girofle et brassez le tout dans le miel et le jus de citron.

THÉ GLACÉ AU MIEL

Ingrédients (4 portions)

570 ml d'eau bouillante
4 sachets de thé
Jus d'un ½ citron
120 ml de miel
Feuilles de menthe (facultatif)

Préparation

1. Versez l'eau bouillante sur les sachets de thé et laissez infuser 5 minutes.
2. Retirez les sachets de thé puis ajoutez le jus de citron et le miel. Bien brasser.
3. Laissez refroidir et servir sur des glaçons dans de grands verres. Garnissez de menthe si vous le désirez.

CAFÉ ÉPICÉ AU MIEL

Ingrédients (4 tasses)

2 c. à table de miel
4 clous de girofle entiers
4 bâtonnets de cannelle
Zeste d'un ½ citron
60 ml de brandy
Café fort et chaud

Préparation

1. Mettez le miel, les clous de girofle, les bâtonnets de cannelle et le zeste de citron dans une petite casserole. Faites chauffer à feu moyen et brassez le tout jusqu'à ce que le mélange vienne à ébullition.
2. Ajoutez le brandy en remuant. Déposez 1 c. à table du mélange dans chaque tasse et ajoutez le café chaud.

JUS ET PUNCHS NON ALCOOLISÉS

Une chose vraiment impressionnante à faire pour les fêtes organisées consiste à congeler de petites feuilles d'herbes, comme la menthe, ou de petits fruits, comme les canneberges, dans des cubes de glace. Évidemment, vous devez vous préparer, mais une fois faits, vous pouvez les ajouter à des boissons froides à la dernière minute ou les offrir pour surprendre vos invités avec une boisson rapide.

Les punchs chauds peuvent poser problème si vous tentez de verser des liquides très chauds dans des verres. Il y a aussi le danger d'ébouillanter vos invités qui pourraient ne pas savoir que la boisson que vous leur présentez est chaude. Ça m'est arrivé plusieurs fois dans des fêtes. Alors, faites attention !

PUNCH CHAUD AUX FRUITS ET AU MIEL

Ingrédients   (8 portions)
>570 ml de jus de pomme
>570 ml de jus de canneberge
>60 ml de miel
>1 bâtonnet de cannelle
>½ citron tranché
>6 clous de girofle entiers

Préparation
1. Faites chauffer le jus de pommes avec le miel, les épices et le citron, sans porter à ébullition.
2. Ajoutez le jus de canneberges en brassant pour mélanger le tout et laissez chauffer à feu doux.
3. Versez prudemment dans des verres ou des tasses à punch.

BOISSON DÉSALTÉRANTE AUX JUS TROPICAUX

Vous pourriez faire des cubes de glace avec le supplément de jus de citron vert pour ajouter un peu de bulles. Des tranches d'orange et/ou de citron vert semblent également une bonne idée.

Ingrédients (4 à 6 portions)

200 ml de jus d'ananas
200 ml de jus d'orange
60 ml de jus de citron vert
60 ml de miel clair
570 ml d'eau minérale pétillante

Préparation
1. Mélangez le miel et une petite quantité de jus dans un pichet jusqu'à ce que le miel soit dissous.
2. Laissez refroidir jusqu'à ce qu'il soit prêt à servir. Au moment de servir, ajoutez en brassant de l'eau pétillante et de la glace (facultatif).

BOISSON ROSE

Ingrédients (4 portions)

1 petit casseau de fraises
2 bananes mûres
240 ml de jus d'orange
2 c. à table de miel
Glaçons

Préparation
1. Mettez les fruits, le jus, le miel et la glace dans un mélangeur à haute vitesse pendant 15 secondes.
2. Brassez les ingrédients à l'aide d'une spatule et passez le tout au mélangeur pendant 15 secondes supplémentaires.
3. Servez très froid dans un verre avec des tranches de fraises et de bananes sur un bâtonnet à cocktail.

PUNCH DE FÊTE

Vous pouvez préparer bien à l'avance la première partie de cette recette en ne gardant pour la fin que les derniers ingrédients à ajouter au moment où vos invités arrivent.

Un grand bol de punch est du plus bel effet, mais si vous n'en avez pas, vous pouvez improviser avec deux grands pichets ou même un bol à mélanger.

Ingrédients   (10 à 12 personnes)
  570 ml d'eau bouillante
  120 ml de miel
  1 L de jus de canneberge
  570 ml de jus d'orange
  240 ml de jus de citron
  1 L de soda au gingembre
  Glaçons

Préparation
1. Dissolvez le miel dans l'eau bouillante et laissez refroidir.
2. Dans un grand bol, mélangez les jus. Brassez-les dans le mélange de miel.
3. Au moment de servir, ajoutez le soda de gingembre et les glaçons. Garnissez de fruits.

PRESSE-FRUITS À L'ORANGE

Ingrédients   (2 portions)
  60 ml de miel
  1 petite boîte de jus d'orange concentré
  240 ml de lait
  6 glaçons

Préparation
1. Passez le miel, le jus et les glaçons au mélangeur jusqu'à consistance lisse.
2. Ajoutez le lait et servez.

PUNCH À L'ANANAS

Ingrédients (4 portions)

    570 ml de jus d'ananas
    60 ml de jus de citron vert frais
    60 ml de miel
    1 citron vert en fines tranches
    570 ml d'eau minérale pétillante

Préparation

1. Mélangez les jus, le miel et les tranches de citron vert dans un pichet et mettez le tout au frigo jusqu'à ce que vous soyez prêt à le servir.
2. Ajoutez l'eau minérale et servez immédiatement.

PUNCH À LA CANNEBERGE

J'ai servi ce punch ce dernier Noël à l'occasion d'une fête. Il a eu un succès instantané, compte tenu du nombre de conducteurs parmi les invités, et je ne pense pas que l'alcool leur a manqué! Il a l'air plus « adulte » que les divers punchs à base d'oranges.

Ingrédients

    60 ml de miel
    120 ml de jus d'orange
    1 L d'eau minérale pétillante
    200 ml de jus de canneberge
    4 c. à table d'eau du robinet
    1 bâtonnet de cannelle
    1 petite orange
    Canneberges et menthe fraîche pour garnir
    ou en faire des cubes de glace (facultatif)

Préparation

1. Mettez le jus d'orange, le miel et la cannelle avec de l'eau du robinet dans une grande poêle. Faite chauffer à feu doux pour laisser fondre le miel, puis faites bouillir le tout brièvement. Laissez refroidir.
2. Au moment de servir, mettez le jus de canneberge, l'eau minérale et les tranches d'orange dans un bol à punch avec le sirop préparé. Ajoutez les canneberges et les feuilles de menthe ou les cubes de glace préparés.

JUS DE POMME CHAUD ÉPICÉ

Ingrédients (4 à 6 portions)

Jus de 1 citron
1 orange tranchée en deux
12 clous de girofle entiers
1 L de jus de pomme
120 ml de miel
2 bâtonnets de cannelle
¼ de c. à thé de gingembre moulu

Préparation

1. Piquez les clous de girofle dans les tranches d'orange.
2. Brassez le jus de citron, le jus de pommes et le miel dans une casserole à feu doux. Ajoutez les bâtonnets de cannelle, le gingembre et les quartiers d'orange.
3. Portez à ébullition à feu moyen et servez prudemment dans des contenants à l'épreuve de la chaleur.

VINS CHAUDS ÉPICÉS, CIDRES, PUNCHS ET BOISSONS DE FÊTES

Noël et le jour de l'an sont des moments particuliers pour servir du vin épicé, bien que les versions froides soient très rafraîchissantes par une chaude température. Un ami français nous a surpris l'été dernier en nous servant un équivalent au vin blanc qui a eu un effet bœuf !

Dans plusieurs pays, le miel semble un complément naturel au vin rouge, aux clous de girofle et à la cannelle, probablement parce que ces ingrédients évoquent l'odeur de la levure et les festivals d'hiver médiévaux.

VIN ROUGE CHAUD ET ÉPICÉ

Ce qui est bien avec cette boisson, c'est que vous pouvez continuer d'y ajouter des ingrédients au besoin. Il n'est pas nécessaire non plus que vous utilisiez un bon vin puisque les autres ingrédients adoucissent même le vin le plus âcre. L'ajout d'eau signifie que tous peuvent le déguster plus longtemps sans s'enivrer. L'an dernier, j'ai ajouté du Cointreau parce qu'il nous en restait un peu.

Ingrédients   (12 portions)
> 2 bouteilles de vin rouge bon marché
> 1,5 L d'eau
> 6 c. à table de miel
> 1 bâtonnet de cannelle
> 3 oranges
> 2 citrons
> 2 c. à thé de racine de gingembre frais, râpé
> 12 clous de girofle
> 2 c. à thé de brandy ou de liqueur (facultatif)

Préparation
1. Piquez les clous de girofle dans une des oranges sur toute la surface extérieure.
2. Mettez tous les ingrédients dans une grande casserole et chauffez jusqu'à faible ébullition. Ne laissez pas bouillir.
3. Laissez mijoter pendant 20 minutes en brassant de temps en temps. Servez immédiatement (en faisant attention à la chaleur !).

CIDRE DE MIEL CHAUD

Encore une fois, lorsque les épices ont agi, vous pouvez ajouter du cidre à la recette au besoin.

Ingrédients   (8 à 10 portions)
  2 L de cidre de pomme
  240 ml de miel
  120 ml de jus d'orange
  Jus d'un ½ citron
  3 bâtonnets de cannelle
  2 c. à thé de clous de girofle entiers
  ¼ c. à thé de piment de la Jamaïque
  1 pomme
  1 orange
  240 ml de rhum (facultatif)

Préparation
1. Mettez le cidre, le miel, le jus d'orange, le jus de citron, les bâtonnets de cannelle et le piment de la Jamaïque dans une grande casserole. Laissez mijoter à feu moyen pendant 20 minutes.
2. Coupez la pomme et l'orange en fines tranches, sans le trognon et les pelures. Ajoutez du rhum, au besoin. Servez chaud.

PUNCH DU VIGNOBLE

Ingrédients   (8 à 10 portions)
  1 bouteille de vin rouge bon marché
  570 ml de jus de pomme
  120 ml de miel
  1 petit casseau de fraises
  1 petit citron vert en tranches
  240 ml de soda de gingembre
  Glaçons

Préparation
1. Mélangez le vin, le jus de pomme et le miel dans un gros pichet ou un bol. Ajoutez les tranches de citron vert et les fraises.
2. Laissez refroidir autant que nécessaire. Juste avant de servir, ajoutez le soda au gingembre et servez sur les glaçons dans de grands verres. Décorez chaque verre avec des morceaux de fruits.

BIÈRE ÉPICÉE

Ingrédients (4 à 6 portions)

1 L de bière
2 verres de brandy
Zeste de 1 citron
1 pincée de noix muscade
120 ml de miel

Préparation

1. Mettez tous les ingrédients, sauf le brandy dans une casserole et laissez mijoter sans porter à ébullition.
2. Ajoutez le brandy et servez immédiatement.

COCKTAILS

Le miel a sa place dans beaucoup de cocktails bien connus. Voici quelques conseils pour commencer. Les choses seront plus faciles si vous préparez d'abord une certaine quantité de sirop au miel. Servez-vous d'un gobelet doseur ou d'une carafe à mesurer plutôt que d'y aller au hasard en espérant le mieux, et rappelez-vous que chaque boisson contient une bonne quantité d'alcool! Les quantités varient d'un cocktail à l'autre.

Si vous avez reçu un coquetelier en cadeau de Noël ou d'anniversaire, ce serait une bonne occasion de vous en servir. Sinon, un pichet ou un pot fera l'affaire pour mélanger.

BASE DE SIROP AU MIEL

Ingrédients

Miel   Eau bouillante

Préparation

Mélangez 4 portions de miel pour 1 portion d'eau chaude et laisse refroidir avec d'utiliser.

MIEL D'ABEILLE ROSE

Ingrédients

2 portions de vodka ou de rhum
1 portion de sirop au miel
3 portions de jus de canneberge

Préparation

Brassez avec des glaçons et filtrez dans un grand verre à cocktail. Garnissez d'une cerise.

BOISSON DE LA PASSION

Ingrédients

2 portions de jus de pamplemousse rose
1 portion de sirop au miel
1 portion de rhum ou de vodka
Glaçons

Préparation

Mélanger le pamplemousse et le sirop de miel. Remplissez un verre de glaçons. Versez le rhum sur les glaçons et ajoutez le mélange de jus de pamplemousse.

BOISSON FROIDE DU KENTUCKY

Ingrédients
    1 portion de whisky
    ½ oz de Triple-sec (ou de Cointreau)
    2 portions de sirop au miel
    1 portion de thé glacé
    1 portion de soda au gingembre
    2 quartiers de citron

Préparation
Versez le tout dans le verre par-dessus les glaçons.

MARGARITA AU MIEL DORÉ

Ingrédients
    1 portion de téquila
    ½ oz de Triple-sec (ou de Cointreau)
    1 portion de sirop au miel
    2 portions de jus de citron
    Sel

Préparation
Agitez bien avec de la glace et filtrez dans un grand verre à cocktail en salant le pourtour du verre.

BOISSONS SUCRÉES À LA MENTHE ET AU MIEL

La manière la plus facile de faire du sirop de menthe consiste à le préparer comme du sirop au miel en ajoutant les feuilles de menthe, en le laissant refroidir, puis en le tamisant pour en retirer les feuilles. Gardez quelques feuilles de menthe pour la décoration.

Ingrédients
    Feuilles de menthe
    1 portion de sirop au miel à la menthe
    1 portion de bourbon
    Glaçons

Préparation
Mélangez le bourbon au sirop au miel et de menthe. Versez sur de la glace concassée dans un grand verre droit.

FLEUR DE MANDARIN

Vous pourriez choisir un autre alcool ou utiliser de la vodka pure.

Ingrédients
1 portion de sirop au miel
2 portions de jus de citron
1 portion de vodka à la mandarine
1 c. à table de blanc d'œuf pour la mousse (facultatif)
Cannelle et sucre à glacer pour le bord du verre

Préparation
Broyez tous les ingrédients avec la glace. Filtrez dans un verre dont vous aurez garni le pourtour de cannelle et de sucre.

MOJITO HONITO

Ingrédients
1 portion de sirop au miel à la menthe
(voir à la page 101)
1 portion de jus de citron vert fraîchement pressé
2 ou 3 feuilles de menthe
1 portion de rhum blanc
3 portions de soda

Préparation
Mélangez le sirop de miel à la menthe et arrosez de soda dans un grand verre. Ajoutez le citron vert et le rhum. Brassez et remplissez de glace. Ajoutez le soda et garnissez d'une feuille de menthe ou d'un quartier de citron vert.

JOYEUX COCKTAIL AU MIEL

Ingrédients
1 portion de brandy
1 portion de jus de pamplemousse
1 portion de sirop de miel
Glaçons

Préparation
Brassez les liquides et versez-les sur les glaçons.

STINGER AU RHUM ET AU MIEL

Ingrédients
- 1 portion de rhum brun
- 3 gouttes d'angustura
- 1 c. à thé de miel
- 1 portion de jus de citron vert
- Glaçons

Préparation
Mélangez et versez sur les glaçons.

BOURDON

Ingrédients
- 2 portions de rhum brun
- 1 portion de sirop au miel
- 1 portion de jus de citron
- Glaçons

Préparation
Mélangez et versez sur la glace concassée.

CRÈME DE MIEL ET WHISKY

Ingrédients
- 2 portions de whisky
- 1 portion de crème à fouetter
- 1 portion de sirop au miel
- Glaçons

Préparation
Mélangez et versez sur la glace concassée.

SAUCES ET MARINADES

SAUCES ET MARINADES

La manière la plus facile de préparer la plupart de ces marinades consiste à utiliser un pot propre à couvercle vissant dans lequel on mélange les ingrédients. On peut conserver les restes au frigo dans la plupart des cas pendant quelques semaines, à moins qu'ils ne contiennent des produits laitiers. C'est une façon commode de toujours avoir une vinaigrette sous la main pour vous encourager à manger plus de salades. Le miel que vous utilisez peut modifier considérablement la saveur, alors faites attention quand vous vous servez de variétés au goût prononcé. En sortant la vinaigrette du frigo, elle semblera trouble, mais ne vous en faites pas : laissez-lui atteindre la température de la pièce et agitez-la de nouveau.

VINAIGRETTE FRANÇAISE DE TOUS LES JOURS

Ingrédients
> 175 ml d'huile d'olive
> 4 c. à table de vinaigre de vin
> 1 c. à thé de moutarde française
> 1 gousse d'ail
> 1 c. à thé de miel clair
> Sel et poivre

Agitez le tout dans un pot et servez.

VINAIGRETTE AIGRE-DOUCE

Ingrédients
> 60 ml de miel
> 40 ml de vinaigre de vin de riz
> 1 c. à table d'oignons hachés
> 1 c. à thé de sel d'ail
> Sel et poivre
> 120 ml d'huile d'olive

Mélangez le miel, le vinaigre, l'oignon, le sel et le poivre jusqu'à consistance lisse. Versez l'huile en un filet lent et régulier et mélangez jusqu'à consistance lisse, ou utilisez un pot à couvercle vissant pour agiter et mélanger.

VINAIGRETTE À LA MENTHE ET AU MIEL

Ingrédients

   3 c. à table d'huile d'olive
   4 c. à table de vinaigre de cidre
   4 c. à table de miel clair
   1 c. à table de menthe fraîche hachée
   Sel et poivre

Agitez les ingrédients jusqu'à ce qu'ils soient mélangés. S'apparie bien à la salade de cresson.

VINAIGRETTE AU MIEL ET AUX HERBES (SANS GRAS)

Ingrédients

   60 ml de miel
   60 ml de vinaigre de vin blanc
   2 c. à table de basilic frais haché
   1 c. à table de ciboulette hachée
   Sel et poivre, au goût

Combinez et mélangez tous les ingrédients.

VINAIGRETTE AU MIEL TOUT USAGE

Ingrédients

   120 ml de vinaigre balsamique
   60 ml de miel
   2 c. à table d'huile d'olive
   1 c. à table de vos herbes fraîches préférées

Mélangez tous les ingrédients et versez sur une salade verte ou une macédoine de fruits frais.

VINAIGRETTE À LA CANNELLE ET AU GINGEMBRE

Ingrédients
- 2,5 cm de racine de gingembre frais, râpé
- 3 c. à table d'huile d'olive
- 1 c. à table de vinaigre de vin blanc
- 1 c. à table de miel
- 1 c. à thé de cannelle moulue
- Sel et poivre noir

Rassemblez tous les ingrédients et mélangez bien.

VINAIGRETTE AU MIEL, À L'ORANGE ET AU YOGOURT

Ingrédients
- 3 c. à table de miel
- 1 petit pot de yogourt nature
- 50 g de mayonnaise
- 3 c. à table de jus d'orange
- 1 c. à thé de vinaigre de cidre
- 1 c. à thé de zeste d'orange
- 1 c. à thé de moutarde sèche

Préparation
1. Mélangez le miel, le yogourt, la mayonnaise, la moutarde sèche et le zeste d'orange.
2. Ajoutez progressivement le jus d'orange et le vinaigre.

SAUCE AU MIEL BBQ

Cette sauce peut être utilisée pour faire mariner le bœuf, le poulet ou le porc avant la cuisson. On peut aussi la servir comme sauce avec de la viande ou des légumes au BBQ.

Ingrédients
- 50 g d'oignons émincés
- 1 gousse d'ail écrasée ou en fines tranches
- 1 c. à table d'huile végétale
- 50 g de tomate en purée
- 120 ml de miel
- 2 c. à table de vinaigre

2 c. à table de persil haché
1 c. à table de sauce Worcestershire
Poivre noir
1 pincée de poivre de Cayenne

Préparation
1. Faites sauter l'oignon et l'ail dans l'huile jusqu'à ce qu'ils deviennent dorés.
2. Ajoutez le reste des ingrédients et porter le mélange à ébullition.
3. Baissez le feu et laissez mijoter pendant 5 minutes. Laissez refroidir avant d'utiliser comme marinade.

MARINADE À L'ORANGE ET AU MIEL

Très épicée !

Ingrédients
6 c. à table de miel
6 c. à table de sauce soya
275 ml de jus d'orange
3 c. à table d'eau
150 ml de vin blanc sec
1 c. à thé de moutarde
1 c. à thé de paprika
1 c. à thé de piment de la Jamaïque
1 gousse d'ail écrasée
1 c. à thé de Tabasco

Mélangez tous les ingrédients et laissez reposer pendant au moins 20 minutes. Utilisez pour faire mariner le porc ou le poulet. Cette marinade peut aussi servir à épicer les légumes dans une sauteuse.

SAUCE À TREMPETTE ORIENTALE

Ingrédients
- 120 ml de miel
- 50 g de beurre d'arachides
- 1 c. à table de sauce soya
- 1 gousse d'ail écrasée
- 1 c. à thé de coriandre fraîchement hachée

Mettez tous les ingrédients dans un bol et mélangez bien. On l'utilise pour faire tremper des viandes cuites, comme des lamelles de poulet, avant de les manger.

MOUTARDE AU MIEL ET AU THYM

Ingrédients
- 225 g de moutarde de Dijon
- 120 ml de miel
- 1 c. à thé de thym séché et écrasé ou de thym frais

Mélangez tous les ingrédients dans un petit bol jusqu'à l'obtention d'une texture homogène. Réfrigérez jusqu'au moment de servir.

MOUTARDE MAISON AU MIEL

Ingrédients
- 225 g de graines de moutarde blanche
- 275 ml de vinaigre de vin blanc
- 1 c. à thé de cannelle moulue
- 60 ml de miel

Préparation
1. Mettez les graines de moutarde, le vinaigre et la cannelle dans un bol, recouvrez et laissez tremper toute la nuit.
2. Pilez le tout avec du miel au moyen d'un mortier et d'un pilon jusqu'à ce vous obteniez une pâte épaisse, ou mélangez dans un robot culinaire. Ajoutez du vinaigre si le mélange est trop épais.
3. Transvidez le mélange dans des pots stérilisés, recouvrez et placez au frigo pendant un mois.

SAUCE AIGRE-DOUCE

Ingrédients

   120 ml de miel
   1 c. à thé de fécule de maïs
   80 ml de vinaigre de vin blanc
   80 ml de bouillon de poulet
   1 poivron vert haché
   2 c. à table de piment de la Jamaïque haché
   1 c. à table de sauce soya
   1 c. à thé de poudre d'ail
   1 c. à thé de gingembre moulu

Dans une casserole, mélangez le miel et la fécule de maïs. Ajoutez en brassant le vinaigre, le bouillon de poulet et les autres ingrédients. Laissez mijoter pendant 20 à 30 minutes.

MARINADE ORIENTALE ET PASTILLA POUR LE BŒUF

Ingrédients

   4 c. à table de vin blanc
   150 ml de bouillon de poulet
   75 ml de sauce soya
   1 c. à thé de poudre d'ail
   3 c. à table de vinaigre de vin
   2 c. à table de miel

Brassez tous les ingrédients dans un pot à couvercle vissant. Laissez mariner les lamelles de steak pendant plusieurs heures dans la sauce avant de les faire griller. Arroser la viande avec la sauce pendant la cuisson.

VINAIGRETTE AU MIEL, AU CITRON VERT ET À LA CRÈME

Ingrédients   (1 tasse)

- 1 tasse de crème à fouetter
- 2 c. à table de miel
- 1 c. à thé de zeste de citron râpé

Fouettez la crème jusqu'à consistance légère. Versez le miel lentement et fouettez jusqu'à l'obtention d'une consistance épaisse. Incorporez le zeste de citron râpé à la préparation. Servez sur de la crème glacée.

BARRE AUX AMANDES ET AU MIEL

Ingrédients

- 2 c. à table de beurre fondu
- 60 ml de miel
- 200 g d'amandes effilées
- 1 pincée de sel
- 6 c. à table de crème

Préparation

1. Mettez le beurre et le miel dans une casserole sur un feu moyen à élevé. Ajoutez les amandes et remuez constamment pendant 5 à 6 minutes jusqu'à ce que le mélange prenne une riche teinte foncée de caramel. Ne laissez sans supervision puisque le mélange brûle facilement.

2. Retirez du feu et ajoutez le sel, puis versez lentement la crème en remuant. Le mélange crépitera et dégagera de la vapeur. Par conséquent, servez-vous d'une cuillère à long manche et tenez-vous à distance.

3. Versez la sauce dans un bol et laissez refroidir. Servez avec de la crème glacée ou sur un pudding cuit au bain-marie.

Pour nettoyer facilement la casserole, versez-y environ 2,5 cm d'eau et faites mijoter pendant environ 5 minutes pour décoller le caramel.

HORS-D'ŒUVRE ET AMUSE-GUEULE

AMUSE-GUEULE AU FROMAGE DE CHÈVRE

Ces amuse-gueule accompagnent souvent les apéritifs en France, où les boissons et la conversation vont de pair dans la journée, mais vous avez réellement besoin d'autres choses que de quelques croustilles ou olives pour vous soutenir jusqu'à ce que premier plat arrive. D'après mon expérience, de telles réunions sociales durent parfois au-delà des deux verres habituels, et j'ai toujours besoin d'un petit quelque chose pour tenir le coup! Les amuse-gueule semblent fort appréciés au Royaume-Uni aussi. Les Français vendent le fromage de chèvre en longs rouleaux, ce qui est idéal pour les couper en 12 ou 15 tranches. Si vous ne pouvez trouver la variété en rouleau, utilisez des quartiers de fromage rond. Prévoyez 3 ou 4 tranches de pain par personne. Il importe peu que le pain soit rassis: en fait, c'est une bonne façon d'éviter le gaspillage.

Ingrédients
    1 mince baguette de pain français (ou flûte)
    Fromage de chèvre
    Miel clair
    Huile d'olive

Préparation
1. Coupez le fromage de chèvre en tranches minces et préchauffez le four.
2. Coupez le pain en tranches minces et badigeonnez-les d'huile d'olive des deux côtés. Placez tout le pain nécessaire sur une grille chaude jusqu'à ce qu'il commence à brunir. Faites griller légèrement l'autre côté.
3. Placez un morceau de fromage sur chaque rondelle de baguette et remettez au four jusqu'à ce que le fromage commence à fondre et à produire des bulles.
4. Retirez du four. Mettez le tout sur un plateau et aspergez le fromage de gouttelettes de miel. Servez immédiatement. Vous n'aurez sûrement pas de restes.

PÉTONCLES GRILLÉS AU MIEL

Ingrédients (4 portions)

12 pétoncles préparés et lavés
(si congelés, bien faire dégeler)
2 c. à table de jus de citron vert
1 c. à table d'huile végétale
1 c. à table de miel
1 c. à table de sauce soya
1 c. à thé de racine de gingembre finement râpé

Préparation

1. Mettez dans un bol le jus de citron vert, l'huile, le miel, la sauce soya et le gingembre, et mélangez bien.
2. Ajoutez les pétoncles, retournez-les pour bien les enrober puis couvrez et réfrigérez pendant 1 heure.
3. Préchauffez le four à haute température. Enlevez les pétoncles du bol en gardant la marinade de côté et placez le tout dans une poêle à fond cannelé légèrement huilée. Faites griller de 3 à 4 minutes puis arrose avec la marinade et continue à faire griller pendant 3 à 4 minutes supplémentaires ou jusqu'à ce que les pétoncles soient complètement opaques. Servez immédiatement sur un lit de feuilles de laitue.

FETA POIVRÉ

Ingrédients (4 portions)

Salade mesclun
450 g de fromage feta
3 c. à thé de poivre noir grossièrement moulu
80 ml de miel
Tranches de pain français

Préparation

1. Épongez le fromage feta avec un essuie-tout, coupez-le en cubes et placez le tout sur les feuilles de laitue au centre de chaque assiette.
2. Mélangez le poivre et le miel et aspergez-en quelques gouttes sur le fromage feta. Servez avec les tranches de pain.

ASPERGES AVEC SAUCE AU MIEL ET À L'AIL

Ingrédients (4 portions)

450 g d'asperges fraîches
110 g de moutarde de Dijon
120 ml de bière brune
4 c. à table de miel
1 gousse d'ail finement hachée
½ c. à thé de feuilles de thym
½ c. à thé de sel

Préparation

1. Faites cuire les asperges dans l'eau bouillante ou à la vapeur pendant environ 2 minutes ou jusqu'à ce qu'elles soient à peine tendres. Égouttez et faites refroidir.
2. Mélangez la moutarde, la bière, le miel, l'ail, le thym et le sel. Versez sur les asperges refroidies et servez.

MORCEAUX DE LAITUE ET AMANDES AVEC VINAIGRETTE

Ingrédients

Une quantité de votre vinaigrette préférée ou de vinaigrette française de tous les jours (voir à la page 105)
1 pomme de laitue Iceberg
110 g d'amandes effilées ou en julienne, rôties

Préparation

1. Retirez le cœur de la laitue, rincez et essorez minutieusement. Coupez-la en 6 morceaux. Laisser reposer au frigo.
2. Placez sur des assiettes de service. Versez à la cuillère votre vinaigrette préférée. Juste avant de servir, saupoudrez d'amandes la laitue.

CROSTINI AU GORGONZOLA MIELLÉ

C'est une idée semblable aux amuse-gueule au fromage de chèvre. Si vous n'aimez pas le goût plutôt fort du fromage, vous pourriez aimer cette recette. Vous aurez plus de miel et moins d'huile d'olive.

Ingrédients (4 portions)

8 tranches de baguette de 1 cm
110 g de fromage gorgonzola doux
8 c. à thé de miel
Jeunes feuilles de salades pour la décoration

Préparation

1. Préchauffez le four et faite rôtir légèrement le pain des deux côtés.
2. Répartissez le miel sur chaque tranche de pain rôti et étendez de manière égale sur tous les morceaux.
3. Répartissez également le fromage gorgonzola sur chacune des tranches puis faites griller jusqu'à ce que le fromage soit fondu.
4. Placez les feuilles de salade sur 4 assiettes et mettez 2 crostini sur chaque assiette puis servez immédiatement.

SALADE DE COUSCOUS À LA VINAIGRETTE AU MIEL

Ingrédients (4 à 6 portions)

275 ml d'eau
225 g de couscous
225 g de poitrine de poulet cuit en lanières
1 boîte de pois chiches rincés et égouttés
2 carottes moyennes râpées
3 tiges de ciboulette finement hachées
3 c. à table de persil finement haché

Ingrédients pour la vinaigrette

4 c. à table de jus de citron frais
3 c. à table de miel
2 c. à table d'huile d'olive
2 c. à table de zeste de citron fraîchement râpé
Sel et poivre noir fraîchement moulu

Préparation

1. Dans un petit bol ou un pot à couvercle vissant, bien mélanger les ingrédients de la vinaigrette.
2. Portez l'eau à ébullition. Retirez du feu et mélangez avec le couscous en remuant. Couvrez et laissez refroidir 5 minutes puis remuez à la fourchette. Placez le tout dans un grand bol et laissez refroidir.
3. Au moment de servir, ajoutez en remuant le poulet, les pois chiches, les carottes, les oignons et le persil. Ajoutez la vinaigrette par petits jets sur la salade.

SOUPE SÉNÉGALAISE

Cette recette se fait habituellement avec du poulet, du lait et des crevettes, mais je préfère laisser les crevettes de côté.

Ingrédients   (4 portions)

1 c. à table d'huile
1 oignon finement haché
1 c. à table de fécule de maïs
2 c. à thé de poudre de cari
2 boîtes de bouillon de poulet
2 c. à table de jus de citron vert frais
4 c. à table de miel
225 g de maïs sucré frais ou congelé
240 ml de lait
225 g de crevettes cuites (facultatif)
Sel (facultatif)

Préparation

1. Dans une casserole moyenne, faire cuire l'oignon dans l'huile pendant 3 à 5 minutes ou jusqu'à ce qu'il soit tendre. Ajoutez la poudre de cari en remuant; laissez cuire et remuez pendant 1 minute.
2. Mélangez la fécule de maïs avec le jus de citron vert et le miel, et ajoutez le tout à la casserole en remuant constamment. Versez le bouillon de poulet et portez à ébullition. Ajoutez le maïs sucré en remuant.
3. Baissez le feu et laissez mijoter pendant 3 minutes. En remuant, ajoutez le lait et les crevettes facultatives. Assaisonnez si vous le désirez.
4. Laissez refroidir la soupe, transvidez-la dans un bol, couvrez et réfrigérez pendant au moins 2 heures, jusqu'à ce que le tout soit bien refroidi.

SALADE D'AGRUMES ET D'AVOCATS

Cette recette constitue un changement rafraîchissant par rapport à la salade conventionnelle d'avocats et de tomates. J'ai récemment essayé une recette semblable avec deux petites betteraves cuites et le jus d'un citron vert plutôt que d'un pamplemousse. Cette recette contient trois aliments extrêmement sains, soit l'avocat, la betterave et l'orange - de bons points pour une alimentation saine !

Ingrédients (6 portions)

3 tortillas de 15 cm
3 oranges moyennes
2 ou 3 pamplemousses
3 avocats mûrs
2 c. à table de miel
2 c. à table de vinaigre de framboise
Feuilles de menthe fraîche

Préparation

1. Découpez les tortillas en très fines lanières. Faites-les sécher en les déposant sur une tôle à biscuits dans le four 225° F, pendant environ 15 minutes. Laissez refroidir.

2. Râpez l'écorce d'orange pour obtenir environ 2 c. à thé d'écorce pour chaque portion. Pelez les oranges et les pamplemousses, séparez-les en quartiers et retirez les pépins. Préparez les avocats en enlevant la pelure et les noyaux et en les coupant en tranches minces sur la longueur.

3. Dans un grand bol, mélangez le miel, le vinaigre de framboises et les quartiers d'orange et de pamplemousse. Ajoutez l'écorce d'orange râpée et les lanières de tortillas. Remuez lentement tous les ingrédients. Déposez sur le dessus les tranches d'avocats et une feuille de menthe pour la garniture.

BORTSCH DE BUDAPEST

Ingrédients (4 portions)

350 g de chou rouge
2 ou 3 betteraves
2 ou 3 patates bouillies
1 petite boîte de tomates
1 c. à table d'huile végétale
1 oignon coupé en dés
1 gousse d'ail finement hachée
700 ml d'eau
4 c. à table de vinaigre de vin rouge
1 c. à table de miel
3 c. à table de persil
1 c. à thé de thym
1 feuille de laurier
1 c. à thé d'aneth séché
1 c. à thé de paprika hongrois
1 c. à thé de sel
Poivre noir fraîchement moulu
4 c. à table de crème sûre, pour la garniture
2 c. à table d'aneth frais, pour la garniture (facultatif)

Préparation

1. Tranchez le chou en fines lanières. Pelez la betterave avec un couteau bien aiguisé et coupez-la en lanières. Pelez les patates et coupez-les en deux.

2. Dans une grande casserole, faites chauffer l'huile puis faites sauter l'oignon et l'ail pendant 5 minutes. Ajoutez le chou, les betteraves, les patates, les tomates et tous les ingrédients sauf la crème sûre et la garniture. Portez à ébullition et baissez le feu. Laissez mijoter pendant au moins 25 minutes.

3. Servez avec une bonne cuillérée de crème sûre et une garniture d'aneth.

<u>PLATS PRINCIPAUX</u>

Même si on associe habituellement le miel aux desserts ou aux boissons, certains styles culinaires exigent un contraste entre les saveurs, comme les plats aigres-doux. Voici quelques choix qui vous mettront l'eau à la bouche.

PLATS DE VOLAILLE

SAUTÉ DE DINDE AU GINGEMBRE

Ingrédients (4 à 6 portions)

80 ml d'eau
2 c. à table de jus de citron frais
2 c. à table de miel
1 c. à thé de racine de gingembre frais, râpé
1 c. à table de sauce soya légère
1 grosse gousse d'ail émincée
2 c. à table de fécule de maïs
1 c. à table d'huile végétale
2 carottes moyennes tranchées en biseau
1 petit brocoli coupé en bouquets
110 g de champignons tranchés
1 petite boîte de châtaignes
450 g de poitrine de dinde crue, découpée en lanières

Préparation

1. Mélangez l'eau, le jus de citron, le miel, la sauce soya et l'ail. Délayez la fécule de maïs dans ce mélange.
2. Faites chauffer l'huile à haute température dans un wok ou une poêle à frire. Ajoutez les carottes et faites sauter le tout pendant 3 minutes ou jusqu'à consistance tendre. Ajoutez le brocoli, les champignons et les châtaignes et faites sauter le tout pendant 2 minutes de plus. Retirez de la poêle.
3. Faites sauter la dinde jusqu'à ce qu'elle soit légèrement brunie. Ajoutez la sauce et faites cuire en remuant constamment jusqu'à ce qu'elle épaississe. Ajoutez les légumes et faites-les chauffer. Servez immédiatement.

POITRINE DE CANARD À LA SAUCE AU MIEL PIQUANTE

Ingrédients (4 portions)

110 g d'ananas broyés en boîte avec le jus
3 c. à table de miel
4 c. à table de xérès sec ou de bouillon de poulet
4 c. à table de sauce soya
4 c. à table de sauce Worcestershire
1 c. à table de jus d'orange
1 c. à table de vinaigre de cidre
1 gousse d'ail écrasée
4 poitrines de canard

Préparation

1. Dans une casserole, mélangez l'ananas, le miel, le xérès ou le bouillon de poulet, la sauce soya, la sauce Worcestershire, le jus d'orange, le vinaigre et l'ail. Laissez mijoter à feu doux pendant 1 heure pour mêler les saveurs.

2. Piquez les poitrines de canard avec une fourchette et saupoudrez de poivre au goût. Placez sur la grille d'une rôtissoire et badigeonnez avec du beurre. Laissez rôtir à 400° F pendant environ 40 minutes jusqu'à ce qu'elles soient d'un brun doré.

3. Servez avec la sauce.

POULET AIGRE-DOUX

Ingrédients   (4 portions)

4 c. à table de vinaigre de riz
2 c. à table de sauce soya légère
2 c. à table d'huile végétale
2 c. à table de miel
1 c. à table de racine de gingembre fraîchement râpé
Poivre
3 ou 4 poitrines de poulet désossées et sans peau
3 oignons en fines tranches
1 poivron rouge coupé en lamelles
1 gousse d'ail écrasée
110 g de noix hachées

Préparation

1. Mélangez le vinaigre avec la sauce soya, l'huile, le miel, le gingembre et le poivre.

2. Découpez le poulet en lamelles et laissez mariner avec les oignons dans une partie de la sauce pendant 15 minutes.

3. Dans une grande poêle à frire ou un wok, faites sauter le poulet avec les oignons, le poivron et l'ail. Ajoutez le reste de la sauce et faites chauffer. Parsemez de noix.

POULET AU BASILIC ET AU CITRON

Ingrédients   (4 portions)

120 ml de miel
4 c. à table de jus de citron
1 c. à table de basilic fraîchement haché
1 gousse d'ail écrasée
½ c. à thé de sel
2 c. à table de zeste de citron râpé
4 poitrines de poulet désossées, sans peau

Préparation

1. Dans un bol, mettez tous les ingrédients sauf le poulet et mélangez-les

2. Ajoutez les poitrines de poulet, puis couvrez et réfrigérez pendant au moins 1 heure. Retournez-les pendant qu'elles marinent.

3. Préchauffez le four à 350° F. Déposez le poulet mariné dans un plat peu profond allant au four et laissez cuire pendant 35 à 40 minutes jusqu'à ce qu'il soit bien cuit. Garnissez d'une feuille de basilic.

TAJINE MAROCAIN AU POULET

Ingrédients   (4 portions)

8 cuisses de poulet sans peau
3 ou 4 c. à table de miel
1 gros oignon haché
3 gousses d'ail écrasées
2 bâtonnets de cannelle
1 citron
2 c. à thé de curcuma
110 g d'abricots séchés découpés en quartiers

Préparation

1. Placez les cuisses de poulet dans une casserole. Versez le miel sur les cuisses et parsemez d'oignon et d'ail.

2. Ajoutez les bâtonnets de cannelle et arrosez de jus de citron et de curcuma. Ajoutez les quartiers d'abricots et cuisez au four à 350° F, pendant environ 1 heure ou jusqu'à consistance tendre.

3. Retirez les bâtonnets de cannelle de la casserole et servez avec du couscous.

PLATS DE VIANDE

SAUTÉ DE PORC

Ingrédients   (4 à 6 portions)

450 g de porc à braiser ou de longe de porc
200 ml de jus d'orange
2 c. à table de miel
2 c. à table de sauce soya
1 c. à table de fécule de maïs
¼ de c. à thé de gingembre moulu
2 c. à table d'huile végétale
2 carottes tranchées en biseau
2 branches de céleri tranchées en biseau
110 g de noix d'acajou ou d'arachides

Préparation
1. Coupez le porc en fines lanières.
2. Mélangez le jus d'orange, le miel, la sauce soya, la fécule de maïs et le gingembre.
3. Faites chauffer 1 c. à table d'huile dans un wok ou une poêle à frire à chaleur moyenne. Ajoutez les carottes et le céleri et faites sauter le tout pendant environ 3 minutes. Retirez les légumes.
4. Versez le reste de l'huile dans la poêle à frire, ajoutez le porc et faites sauter pendant environ 5 minutes ou jusqu'à ce qu'il soit bien cuit.
5. Remettez les légumes dans la poêle, ajoutez le mélange de sauce et de noix. Faites cuire et remuez à feu moyen-élevé jusqu'à consistance épaisse. Servez avec du riz.

AGNEAU AU BBQ

L'été, nous faisons souvent cuire au BBQ des morceaux de poulet avec des légumes en brochettes. La recette qui suit est très semblable, mais l'avantage avec les chiches-kebabs, c'est que vous pouvez varier les légumes et utiliser moins de viandes. On peut aussi plus facilement accommoder les amis végétariens dans la mesure où le fait de manger des légumes provenant d'un grill sur lequel on a cuit de la viande ne les dérange pas. La sauce est bonne avec des légumes et j'utilise des tomates du jardin, des courgettes et des champignons de même que des poivrons. Servez-vous d'une sauce à base de miel et de vinaigre pour faire mariner les chiches-kebabs avant de les cuire. Ils sont aussi beaux qu'ils sont bons.

AGNEAU À LA SAUCE AUX CERISES

Ingrédients (6 portions)

6 cuisses d'agneau
1 poivron rouge découpé en fines lanières
1 poivron vert, découpé en fines lanières
1 poivron jaune, découpé en fines lanières
120 ml de jus de pomme non sucré
3 ou 4 cuillerées à table de sherry
120 ml de miel
2 c. à table de purée de tomates
2 c. à table de vinaigre de vin rouge
2 gros oignons hachés
2 gousses d'ail écrasées
1 c. à thé de sauce Worcestershire
½ c. à thé de poivre noir fraîchement moulu

Préparation

1. Dans une casserole, mélangez le sherry, le miel, la purée de tomates, le vinaigre de vin rouge, l'oignon, l'ail, la sauce Worcestershire, le poivre et le jus de pomme. Laissez mijoter pendant 5 minutes.

2. Faites griller les cuisses d'agneau pendant 2 à 3 minutes en les tournant et en les badigeonnant avec la sauce. Faites cuire les poivrons pendant 5 autres minutes ou jusqu'à ce qu'ils soient bien cuits. Servez et aspergez de sauce.

PORC BRAISÉ AUX PRUNES

Ingrédients (4 à 5 portions)

1 kg de longe ou d'épaule de porc désossé
Poivre noir fraîchement moulu
2 c. à thé d'huile végétale
2 oignons finement hachés
1 bâtonnet de cannelle
240 ml de bouillon de poulet ou de légumes
240 ml d'eau
225 g de prunes dénoyautées
2 c. à table de miel doux
2 c. à thé de jus de citron frais

Préparation

1. Assaisonnez la viande de poivre et chaque côté. Dans une casserole ou une cocotte allant au four, faites revenir le porc des deux côtés dans de l'huile sur un feu moyen-élevé. Retirez le porc et déposez-le sur une assiette.

2. Ajoutez les oignons en remuant et faites cuire jusqu'à ce qu'ils soient brunis. Remettez le porc dans la casserole et ajoutez le jus de l'assiette. Ajoutez la cannelle, le bouillon et l'eau. Portez à ébullition. Baissez le feu à faible, couvrez et laissez mijoter pendant 90 minutes. ou cuire au four à 180 °C (350 °F, degré 4 sur une cuisinière à gaz) pendant 90 minutes.

3. Ajoutez les prunes, couvrez et laissez cuire encore jusqu'à ce que la viande soit tendre quand on la perce avec un couteau (environ 30 minutes).

4. Ajoutez le miel en remuant et laissez cuire, sans couvercle, sur un feu doux pendant 5 minutes en délayant avec la sauce. Transférez la viande dans un plat pour la découper. Récupérez les prunes à l'aide d'une écumoire et conservez le jus.

5. Faites bouillir le jus à haute température en brassant souvent, jusqu'à ce qu'il épaississe. Ajoutez le jus de citron, ajustez l'assaisonnement et retirez la cannelle. Remettez les prunes dans la casserole et chauffez à nouveau.

6. Disposez les tranches de porc sur un plat et étalez la sauce et les prunes avec une cuillère.

BŒUF CHINOIS AUX TOMATES

Ingrédients (6 portions)

1 kg de bifteck de croupe
3 tomates moyennes
2 poivrons verts
1 c. à table d'huile à cuisson
2 gousses d'ail écrasées
¾ c. à thé de racine de gingembre frais finement haché
2 c. à table de miel
4 c. à table de sauce soya
1 grosse boîte de fèves germées égouttées
2 c. à thé de fécule de maïs
4 c. à table d'eau
Sel au goût

Préparation

1. Coupez la viande en très fines lanières, les tomates en quartiers et les poivrons en fines lanières.
2. Faites chauffer l'huile dans un wok ou une poêle à frire. Ajouter le bœuf, l'ail et le gingembre. Saisissez le steak à feu élevé. Ajoutez le miel et la sauce soya, baisser le feu, couvrez et laissez cuire lentement pendant 3 à 4 minutes.
3. Ajoutez les tomates, les poivrons et les fèves germées. Recouvrez et faites cuire pendant 4 à 5 minutes de plus.
4. Délayez la fécule de maïs dans l'eau. Incorporez-la au mélange de bœuf et laissez cuire jusqu'à ce que la sauce épaississe légèrement. Ajoutez du sel au besoin.

LARD GLACÉ AU MIEL

Il faut absolument préparer le lard ou le jambon avec du miel, de la moutarde et des clous de girofle. J'utilise cette recette à chaque Noël et à d'autres occasions. Le miel donne à la pièce de viande un magnifique glaçage. Avant de commencer, demandez à votre fournisseur ou vérifiez l'emballage pour savoir quel trempage est nécessaire parce que le sel pendant le traitement supplantera toutes les autres saveurs et vous donnera terriblement soif si vous ne l'enlevez pas. Plus grosse est la préparation, mieux ce sera, puisque le jambon froid durera passablement longtemps. En tout cas ce serait le cas dans certains foyers !

Ingrédients (4 portions)
(Modifiez les quantités pour des
pièces de viande plus grosses)

1 kg de lard ou de jambon de collet
10 clous de girofle entiers
1 ou 2 c. à table de miel
1 ou 2 c. à table de moutarde anglaise préparée

Préparation

1. Préchauffez le four à 325° F. Retirez le jambon du trempage et déposez-le dans un plat à rôtir recouvert de papier d'aluminium en laissant de l'espace pour la circulation d'air pendant la cuisson.
2. Faites cuire en calculant 30 minutes par livre (450 g).
3. Retirez le lard du four et augmentez la chaleur à 400° F. Enlevez la couenne et découpez le gras en forme de losanges à l'aide d'un couteau. Piquez un clou de girofle

au centre de chaque losange. Avec une cuillère, versez le miel et la moutarde sur la surface du lard. Laissez cuire au four pendant 15 minutes en arrosant fréquemment. Attention de ne pas laisser brûler le glaçage.

4. Laissez reposer avant de découper pour que les jus de surface reviennent dans la viande et qu'elle soit plus facile à découper. Pour servir froid, bien laisser refroidir avant de réfrigérer.

SAUTÉ DE PORC AU BBQ

Comme ceci prend quelque temps à mariner, vous devez commencer la préparation la veille.

Ingrédients (6 portions)

1 gros oignon finement haché
1 c. à table de coriandre moulue
2 c. à table de miel
½ c. à thé de sel (selon le goût)
¼ c. à thé de poivre noir
1 gousse d'ail écrasée
⅛ c. à thé de poivre de Cayenne
3 c. à table de jus de citron frais
4 c. à table de sauce soya
650 g de porc maigre désossé
3 pains pita coupés en deux

Préparation

1. Mélangez les neuf premiers ingrédients et coupez la viande en cubes.

2. Ajoutez la viande à la marinade et mélangez bien. Couvrez et réfrigérez pendant 10 à 12 heures ou pendant la nuit.

3. Au moment de faire cuire, enfilez la viande sur des broches et cuisez sur un feu de charbon qui brûle lentement en la retournant pour qu'elle brunisse des deux côtés. Arrosez souvent de marinade pendant la cuisson. Une fois cuite, servez chaude avec du pain pita et une salade.

PLATS DE POISSONS

MAQUEREAU MARINÉ

Vous pouvez aussi utiliser cette recette sur un BBQ.

Ingrédients (4 portions)

2 c. à table de miel
2 c. à table de vinaigre de vin
2 c. à table de moutarde de Dijon
Sel et poivre noir
4 maquereaux nettoyés et désossés
4 feuilles de laurier
Thym frais

Préparation

1. Mélangez le miel, le vinaigre, la moutarde, le sel et le poivre.
2. Déposez le poisson sur une assiette, ajoutez-y les feuilles de laurier et le thym et versez la marinade par-dessus. Recouvrez et réfrigérez de 4 à 8 heures.
3. Préchauffez le four, placez le poisson sur une grille et laissez cuire pendant 10 à 12 minutes en le tournant et en l'arrosant fréquemment avec la marinade. Servez immédiatement.

LINGUINE AUX CREVETTES ROSES

Ingrédients (4 portions)

350 g de linguine
2 c. à table d'huile d'olive
450 g de crevettes roses décortiquées
(bien décongeler, si congelées)
1 carotte découpée en bâtonnets
1 branche de céleri finement tranché
2 tiges de ciboulette finement hachées en biseau
2 gousses d'ail écrasées
120 ml d'eau
4 c. à table de miel
2 c. à thé de fécule de maïs
¼ c. à thé de poivre de Cayenne
Romarin ou persil frais
1 pincée de sel

Préparation

1. Faites cuire les linguine dans de l'eau salé pendant 8 à 10 minutes.

2. Pendant ce temps faites chauffer l'huile dans une casserole ou un wok, ajoutez les carottes, le céleri, les oignons et l'ail et faites chauffer à feu élevé pendant 3 à 4 minutes. Ajoutez les crevettes.

3. Mélangez la fécule de maïs avec l'eau, le miel et le poivre et ajoutez-les au mélange de crevettes. Continuez à faire sauter le tout pendant 1 à 2 minutes ou jusqu'à ce que la sauce épaississe.

4. Égouttez les pâtes, mettez-les dans une assiette de service et versez le mélange de crevettes par-dessus. Garnissez de fines herbes et servez immédiatement.

HAMBURGER DE SAUMON À LA SAUCE BBQ AU MIEL

Ingrédients   (4 portions)

    4 c. à table de miel
    4 c. à table de ketchup aux tomates
    1 c. à table de vinaigre de cidre
    2 c. à thé de sauce au raifort
    1 gousse d'ail écrasée
    1 grosse boîte de saumon égoutté
    200 g de chapelure
    1 oignon haché
    1 poivron vert haché
    4 pains à hamburger grillés
    1 blanc d'œuf

Préparation

1. Mélangez le miel, le ketchup, le vinaigre, le raifort et l'ail.

2. Dans un autre bol, mélangez le saumon, la chapelure, l'oignon, le poivron vert et le blanc d'œuf. Passez au mélangeur avec 2 c. à table de la sauce.

3. Divisez le mélange de saumon en 4 portions, roulez-les et aplatissez-les pour en faire des hamburgers. Placez le tout sur une grille bien huilée ou sur une tôle à biscuits en les retournant de deux à trois fois et en les arrosant de sauce jusqu'à ce que les hamburgers soient brunis et bien cuits. Déposez sur les pains et servez-les avec le reste de la sauce.

POISSON À LA SAUCE AIGRE-DOUCE

Ingrédients
(4 portions)

4 c. à table d'eau

4 c. à table de miel

2 c. à table de jus de citron ou de vinaigre de riz

2 c. à table de vin blanc sec

1 c. à thé de fécule de maïs

½ c. à thé de sel d'ail

1 c. à thé d'estragon, de thym ou de basilic haché

450 g de filet de poisson

Préparation

1. Mettez tous les ingrédients sauf les fines herbes et le poisson dans une petite casserole. Faites cuire à chaleur moyenne en remuant jusqu'à ce que le mélange épaississe. Laissez mijoter pendant 2 minutes. Ajoutez les fines herbes et mélangez bien. Retirez la sauce du feu et gardez-la chaude.

2. Déposez le poisson sur une tôle à biscuits légèrement huilée pour le faire griller, ou faites-le frire doucement jusqu'à ce qu'il devienne opaque et se détache à la fourchette. Avec une cuillère, versez la sauce sur le poisson pour servir.

PLATS VÉGÉTARIENS

LÉGUMES MIELLÉS AU FOUR

Bravo! Voici une autre façon d'utiliser les surplus de courgettes. Vous pouvez évidemment changer de légume selon votre goût ou la saison. J'adore faire rôtir des carottes avec des patates.

Ingrédients (4 portions)

12 petites patates nouvelles coupées en deux
4 c. à table de miel
3 c. à table de vin blanc sec
1 gousse d'ail écrasée
Sel et poivre
2 c. à thé de marjolaine fraîchement hachée
2 courgettes coupées en tranches épaisses
1 petite aubergine coupée en tranches épaisses
1 poivron rouge coupé en quartiers sur la longueur
1 gros oignon coupé en tranches épaisses
1 c. à table d'huile d'olive

Préparation
1. Préchauffez le four à 400° F.
2. Mélangez le miel, le vin, l'ail, le sel, le poivre et la marjolaine.
3. Mettez les légumes dans un grand bol, ajoutez le mélange de miel et mélangez bien.
4. Transvidez le tout dans un plat peu profond, huilé et allant au four, et faites cuire sans couvrir pendant 25 minutes ou jusqu'à consistance tendre en mélangeant les légumes 2 ou 3 fois pendant la cuisson. Servez immédiatement.

NOIX ET CAROTTES RÔTIES

Ingrédients (4 portions)

225 g de carottes grossièrement râpées
110 g de noix d'acajou grossièrement hachées
110 g de morceaux de noisettes
110 g de chapelure
50 g de beurre
1 oignon finement haché
90 ml de bouillon de légumes
2 c. à thé d'extrait de levure (Marmite)

1 c. à thé de miel
2 c. à thé de fines herbes séchées assorties
2 c. à thé de jus de citron
Sel et poivre

Préparation

1. Préchauffe le four à 350° F et graissez un plat peu profond de 850 ml allant au four.
2. Faites fondre le beurre dans une poêle, ajoutez les oignons et faites frire doucement pendant quelques minutes jusqu'à ce que le mélange devienne mou et doré. Ajoutez les carottes et laissez cuire en remuant pendant 5 autres minutes. Retirez avec une écumoire et ajoutez les noix et la chapelure dans un bol.
3. Mélangez le bouillon, l'extrait de levure et le miel dans un bol et remuez jusqu'à ce que le mélange soit dissous. Ajoutez les noix assorties, de même que les fines herbes et le jus de citron. Mélangez bien et assaisonnez au goût.
4. Versez le mélange dans le plat préparé et faites cuire pendant 35 à 40 minutes. Servez chaud ou froid.

MORCEAUX DE FROMAGE DE CHÈVRE À LA SAUCE AU CRESSON

Ingrédients   (4 portions)

2 feuilles de pâte phyllo
25 g de beurre fondu
275 g de fromage de chèvre
1 botte de cresson
240 ml de yogourt nature
1 c. à thé de jus de citron
1 c. à thé de miel
Sel et poivre noir

Préparation

1. Découpez la pâte phyllo en 8 carrés égaux et recouvrez d'un linge humide pour les empêcher de sécher pendant la préparation. Coupez le fromage de chèvre en 4 tranches.
2. Prenez un carré de pâte, badigeonnez d'un peu de beurre fondu, ajoutez par-dessus un autre carré et badigeonnez de beurre fondu. Mettez une tranche de fromage de chèvre sur la pâte, ramenez les coins ensemble et pincez fortement pour former un baluchon. Recouvrez d'un linge humide. Faites la même chose

avec les autres carrés et les tranches de fromage. Mettez au frigo jusqu'à ce que vous soyez prêt à les faire cuire.

3. Préchauffez le four à 350° F.

4. Mettez de côté 4 tiges de cresson et blanchissez le reste à l'eau bouillante pendant 3 minutes ou à la vapeur jusqu'à ce qu'il soit fané. Retirez-le et égouttez-le minutieusement en extrayant autant d'eau que possible.

5. Placez les baluchons de fromage sur une tôle à biscuits au four pendant 15 minutes.

6. Mettez le cresson, le yogourt, le miel et le jus de citron dans un robot culinaire et mélangez le tout jusqu'à consistance lisse. Transvidez dans une casserole et réchauffez très doucement en vous assurant de ne pas laisser bouillir pour éviter que le mélange caille.

7. Répartissez la sauce sur 4 assiettes de service, puis placez un baluchon au centre de la sauce et garnissez-le avec une tige de cresson. Servez immédiatement.

QUORN MIELLÉ AU CHILI

Si vous n'êtes pas végétarien vous pourriez remplacer le Quorn par du bœuf haché maigre. Vous pourriez aussi utiliser comme viande plus saine de la dinde hachée, qui est bien meilleure la santé. Je doute que quiconque puisse remarquer la différence de goût. Maintenant, j'utilise toujours de la dinde hachée dans les plats de pâtes pour des raisons de santé.

Ingrédients (6 portions)

1 paquet de Quorn haché
1 c. à table d'huile végétale
1 oignon haché
1 poivron vert haché
2 gousses d'ail finement hachées
1 à 2 c. à table de poudre de chili (selon le goût)
1 c. à thé de cumin moulu
1 c. à thé de sel
½ c. à thé de marjolaine séchée
1 ou 2 grosses boîtes de tomates en dés non égouttées
1 boîte de haricots rouges rincés et égouttés
2 c. à table de purée de tomates
4 c. à table de miel
2 c. à table de vinaigre de vin rouge

Préparation

1. Dans une grande casserole, faites chauffer l'huile à feu moyen. Faites cuire l'oignon, le poivron vert et l'ail pendant 3 à 5 minutes jusqu'à ce que les légumes commencent à brunir.

2. En remuant, ajoutez la poudre de chili, le cumin, le sel et la marjolaine. Mélangz le Quorn en brassant, laissez cuire et remuez pendant 1 minute. Ajoutez en remuant les tomates en dés, les haricots, la purée de tomates, le miel et le vinaigre. Portez à ébullition, baissez le feu et laisse mijoter, sans recouvrir, pendant 15 à 20 minutes en remuant de temps en temps.

GÂTEAUX, BISCUITS ET DESSERTS

ORANGES ÉPICÉES

Ingrédients   (4 portions)

   120 ml de vin rouge
   120 ml d'eau
   80 ml de miel
   2 clous de girofle entiers
   1 bâtonnet de cannelle
   4 tranches de citron
   2 c. à thé de zeste d'orange râpé
   3 oranges Navel

Préparation

1. Mélangez le vin, l'eau, le miel, les épices, les tranches de citron et le zeste d'orange dans une casserole. Portez à ébullition puis baissez le feu et laissez mijoter pendant 15 minutes.

2. Pelez les oranges et retirez-en toute la membrane blanche. Coupez-les en tranches minces. Versez le sirop de vin chaud dessus et laissez refroidir.

3. Couvrez et réfrigérez pendant au moins 4 heures. Servez dans des assiettes à dessert décorées d'une feuille de menthe ou de chocolat noir râpé.

GÂTEAU AU FROMAGE, AUX FRAISES ET AUX AMANDES

Cette recette a l'avantage de ne pas nécessiter l'utilisation du four si vous vous préparez et achetez des fonds de pâtisserie déjà cuisinés.

Ingrédients   (6 portions)

   110 g de brisures de chocolat fondues
   1 pâte à tarte déjà cuisinée de 22 cm
   80 ml de crème à fouetter
   3 c. à thé de miel
   2 c. à thé de liqueur d'amande (Amaretto)
   ½ c. à thé de vanille
   1 pincée de sel
   1 casseau de fraises fraîches lavées et équeutées
   110 g de confiture de groseilles rouges fondue
   225 g de fromage à la crème

Préparation
1. Étendez le chocolat fondu au fond de la pâte à tarte cuite.
2. Fouettez le fromage à la crème, le miel, la liqueur d'amandes, la vanille et le sel. Versez-le tout avec une cuillère sur le chocolat et laissez refroidir pendant 30 minutes.
3. Mélangez les fraises avec la confiture fondue pour en recouvrir les petits fruits. Déposez sur la garniture de fromage à la crème. Réfrigérez jusqu'au moment de servir.

PUDDING AU RIZ BRUN

Les fibres ajoutées donnent le bon goût à ce pudding. Vous pouvez le servir avec des fruits comme des framboises, des bleuets ou même des raisins de Smyrne.

Ingrédients   (6 portions)
    110 g de riz brun
    2 gros œufs
    80 ml de miel
    1 pincée de sel
    350 ml de lait écrémé
    Noix muscade ou cannelle

Préparation
1. Dans une casserole, portez à ébullition le lait avec le riz. Couvrez, baissez le feu et laissez mijoter jusqu'à ce que le riz soit tendre (environ 45 minutes)
2. Préchauffez le four à 350° F. Fouettez ensemble les œufs, le miel et le sel et versez dans le riz chaud en remuant.
3. Versez dans un plat de cuisson, saupoudrez de noix de muscade ou de cannelle. Mettez le plat dans une casserole d'eau chaude. Faites cuire pendant environ 50 minutes. Laissez ensuite refroidir. Versez les accompagnements désirés sur chaque plat.

FRUITS AVEC GARNITURE À LA CRÈME, AU CITRON VERT ET AU MIEL

Ingrédients   (4 portions)

4 c. à table de miel
4 c. à table de jus de citron vert
3 oranges pelées et tranchées
2 bananes pelées et tranchées
1 pomme rouge coupée en dés
1 pomme verte coupée en dés
110 g de noix de coco émincée

Préparation

1. Mélangez le miel et le jus de citron vert et brassez le tout avec les fruits. Ajoutez chacun des fruits par couche avec la noix de coco dans un bol à service. Ajoutez sur le dessus la garniture à la crème, au citron vert et au miel (voir ci-après) ou la crème fouettée.

GARNITURE AU MIEL, AU CITRON VERT ET À LA CRÈME

Ingrédients

120 ml de crème à fouetter
1 c. à table de miel
1 c. à thé de zeste de citron vert râpé

Préparation

Fouettez la crème jusqu'à ce qu'elle devienne floconneuse. Ajoutez des gouttelettes de miel et fouettez le tout jusqu'à consistance solide. Incorporez le zeste de citron vert au mélange.

CRÊPES AUX DATTES ET AUX POMMES

Si vous êtes aussi peu habile que moi à faire des crêpes, vous préférerez sans doute acheter des crêpes cuisinées prêtes à remplir. Mais, les crêpes que j'ai faites en utilisant ce mélange ont été les meilleures! Si vous vous sentez coupable d'avoir mangé des sucreries interdites, redressez la situation en utilisant de la farine de blé entier pour les crêpes.

le **Miel**

Ingrédients pour la pâte à crêpes   (4 portions)
  110 g de farine
  1 œuf
  275 ml de lait écrémé
  1 c. à table d'huile
Ingrédients pour la garniture
  25 g de margarine
  450 g de pommes de table pelées et tranchées
  2 c. à table de miel
  ½ c. à thé d'épices mélangées
  75 g de dattes hachées
Ingrédients pour le glaçage
  25 g d'amandes effilées
  2 c. à table de miel

Préparation
1. Versez la farine dans un grand bol et creusez un trou au milieu. Ajoutez l'œuf battu et incorporez progressivement en remuant la moitié du lait et l'huile au mélange. Fouettez le tout jusqu'à consistance lisse et ajoutez le reste du lait.
2. Faites chauffer une poêle à frire de taille moyenne et versez-y quelques gouttes d'huile. Ajoutez 1 c. à table de pâte et penchez la poêle pour recouvrir le fond d'une couche mince mais régulière. Laissez cuire jusqu'à ce que la pâte soit dorée, retournez-la et cuisez-la pendant 10 autres secondes. Déposez sur une assiette chaude pendant la cuisson des autres crêpes. (Les miennes sont meilleures quand je les fais cuire davantage.)
3. Faites fondre la margarine et laissez cuire les pommes avec les épices et les dattes pendant environ 10 minutes jusqu'à consistance molle des pommes. Ajoutez le miel pour la garniture dans la casserole et remuez bien.
4. Versez la garniture sur chaque crêpe, puis roulez-les et déposez-les dans un plat allant au four. Réchauffez le reste du miel et versez-le sur les crêpes, puis saupoudrez d'amandes.
5. Faites cuire le tout dans un four préchauffé pendant 15 minutes à 350° F et servez avec de la crème fraîche ou du yogourt.

POMMES AU FOUR

Ces pommes sont faciles à préparer, délicieuses à manger et ne contiennent aucun gras – à moins qu'on les serve avec de la crème.

Ingrédients (4 portions)

    4 pommes à cuire entières sans trognon
    75 g de figues, de dattes ou de raisins secs
    1 c. à table de miel
    1 c. à table de jus de citron
    4 c. à table d'eau

Préparation

1. Enlevez le trognon de chaque pomme, mais pas la pelure. Elle permettra d'en conserver la forme. Placez les pommes dans un plat allant au four avec de l'eau.
2. Enfoncez les fruits séchés au centre de chaque pomme et versez le jus de citron et le miel par-dessus.
3. Laissez cuire à 350° F de 45 à 55 minutes jusqu'à consistance molle.

TARTELETTES AUX POMMES ET AU MIEL

Avec cette recette, vous pouvez faire des tartelettes séparées aux pommes ou une grande tarte. Si vous vous sentez romantique, ou que vous avez du temps à perdre, vous pouvez même façonner la pâte en forme de cœurs ou en tout autre forme selon votre goût !

Ingrédients (6 portions)

    1 paquet (environ 475 g) de pâte feuilletée
    1 œuf bien battu
    240 ml de vin blanc ou de jus de pomme
    120 ml de miel
    1 bâtonnet de cannelle
    3 clous de girofle entiers
    1 racine de gingembre fraîchement tranché
    3 pommes moyennes
    Crème à fouetter ou crème fraîche

Préparation

1. Étendez la pâte sur une surface enfarinée jusqu'à une épaisseur de 5 mm. Découpez un grand cercle de 22 cm ou 6 cercles de 10 cm ou encore 2 cœurs de 12,5 cm dans la pâte feuilletée. Dans le reste de la pâte, découpez des lanières de 10 cm. Badigeonnez les rebords des formes avec l'œuf battu. Tordez les lanières et placez-les sur le rebord en scellant les extrémités avec l'œuf battu au besoin. Laissez refroidir pendant 30 minutes.

2. Faites cuire à 400° F sur des tôles à biscuits bien graissées et légèrement aspergées d'eau froide. La durée de cuisson dépendra de la taille des formes, mais 15 minutes de cuisson pour les tartelettes et davantage pour les formes plus grandes devraient suffire.

3. Dans une casserole, portez à ébullition le vin et le jus de pommes, le miel et les épices, baissez le feu, couvrez et laissez mijoter pendant 10 à 15 minutes. Pendant ce temps, pelez et tranchez les pommes. Ajoutez-les à la casserole en une seule couche et laissez mijoter jusqu'à ce que les pommes soient tendres mais en évitant qu'elles deviennent trop molles et qu'elles se décomposent. Retirez prudemment les tranches du liquide et égouttez-les minutieusement.

4. Faites réduire le liquide jusqu'à ce qu'il devienne sirupeux et laissez-le refroidir. Badigeonnez la croûte avec le sirop et placez les pommes par-dessus. Servez avec la crème.

CROUSTADE AUX PRUNES MIELLÉES

La croustade constitue un bon dessert pour intégrer quelques ingrédients moins savoureux mais plus sains comme l'avoine, et pour faire en sorte que les jeunes mangent des fruits. J'ajoute toujours 1 cuillérée ou 2 de gruau d'avoine à la croustade pour donner une texture granuleuse. Cette recette fonctionne aussi bien avec des pommes qu'avec des prunes.

Ingrédients (4 à 6 portions)

900 g de prunes coupées en deux et dénoyautées

150 ml d'eau

60 ml de miel

Jus et zeste râpé de 1 orange

110 g de beurre ou de margarine

225 g de farine

50 g de sucre

50 g de noisettes hachées ou de gruau d'avoine

Préparation

1. Préchauffez le four à 400° F. Dans une casserole, mettez les prunes, l'eau, le miel, le jus et le zeste d'orange, portez à ébullition, puis baisser le feu et laissez mijoter, sans couvrir, pendant 15 minutes.

2. Pendant ce temps, dans un grand bol, incorporez le beurre ou la margarine à la farine avec le bout des doigts jusqu'à ce que le tout ressemble à une fine chapelure. Cette étape peut également être faite dans un robot culinaire.

3. Ajoutez le sucre et les noisettes en remuant. Mélangez bien.

4. Placez les prunes dans une assiette allant au four et répandez de manière égale le mélange à croustade sur le dessus. Faites cuire pendant 35 à 40 minutes jusqu'à ce que la croustade soit dorée. Servez chaud avec de la crème anglaise ou de la crème.

GÂTEAUX ET BISCUITS

Les propriétés d'absorption de l'humidité du miel font qu'il est très utile pour cuire divers aliments et peuvent faire en sorte que les pains et les gâteaux demeurent frais plus longtemps. Quand vous substituez le miel au sucre dans des gâteaux, il faut quand même que vous utilisiez du sucre et que vous ajoutiez une pincée de bicarbonate de soude. Vous pourriez peut-être aussi diminuer légèrement la température du four pour empêcher qu'ils ne brunissent trop.

Comme le miel ne possède pas les mêmes propriétés que le sucre, ce ne sont pas toutes les recettes qu'on peut adapter en utilisant l'un plutôt que l'autre, par conséquent vous devez faire attention avec les gâteaux, parce qu'ils pourraient ne pas lever.

PETITS GÂTEAUX AU CHOCOLAT ET AU MIEL

Ingrédients (12 petits gâteaux)

50 g de beurre ou de margarine
180 ml de miel
1 œuf
80 ml de lait écrémé
½ c. à thé d'extrait de vanille
225 g de farine
3 c. à thé de poudre de cacao non sucré
¾ c. à thé de bicarbonate de soude
¾ c. à thé de sel

Préparation

1. À l'aide d'un mélangeur électrique, fouettez le beurre jusqu'à consistance légère et ajoutez progressivement le miel en le battant jusqu'à consistance légère et crémeuse.
2. Battez l'œuf, la vanille et le lait.
3. Dans un autre bol, mélangez la farine, le cacao, le bicarbonate de soude et le sel et ajoutez progressivement le tout à la mixture de beurre et mélangez bien.
4. Avec une cuillère, remplissez de pâte, aux ²/₄,. les 12 moules à muffins en papier, graissés.
5. Faites cuire à 350° F pendant 20 à 25 minutes. Retirez les gâteaux du four et, placez-les sur une grille et laissez-les refroidir. Si désiré, garnissez chaque gâteau d'un glaçage au chocolat ou de chocolat fondu.

BAKLAVAS

Ingrédients   (36 portions)

400 g de pâte phyllo
350 g de beurre fondu
400 g d'amandes ou de noisettes finement hachées
50 g de sucre
1 c. à thé de cannelle moulue
½ c. à thé de clous de girofle moulus

Ingrédients pour le sirop

375 g de sucre
240 ml de miel
Jus de 1 citron
360 ml d'eau

Préparation

1. Préchauffez le four à 325° F et beurrez 2 moules à gâteau de 20 cm x 28 cm . Utilisez des moules d'environ 5 cm de profondeur.

2. Mélangez les noix, le sucre, la cannelle et le clou de girofle.

3. Badigeonnez de beurre 4 feuilles de pâte phyllo et placez-les dans le moule beurré, en couches successives. (Assurez-vous de garder recouverte d'un linge humide pour empêcher qu'elle ne sèche.)

4. Saupoudrez les 4 feuilles de pâte d'une mince couche du mélange de noix puis beurrez 2 autres feuilles et placez-les par-dessus. Ajoutez un peu de mélange de noix puis d'autres pâtes phyllo jusqu'à ce qu'il n'en reste plus. La recette doit se terminer avec 4 feuilles de pâte au-dessus.

5. Badigeonnez le dessus avec du beurre et découpez les rebords superflus avec un couteau affûté. Coupez-les en diagonale dans le moule pour former des morceaux en losanges puis arrosez de gouttelettes d'eau et laissez cuire pendant environ 1 heure ou jusqu'à ce qu'ils soient dorés.

6. 10 minutes avant la fin de la cuisson, mettez le miel, l'eau, le sucre et le jus de citron dans une grande casserole, portez à ébullition et continuez de faire bouillir pendant environ 5 minutes. Retirez les baklavas cuits du four et versez de manière égale le sirop chaud sur les pâtisseries chaudes. Laissez refroidir pendant 10 minutes puis coupez de nouveau les losanges. Servez chaud.

BISCUITS DE LA RUCHE

Ingrédients

(environ 30 portions)

- 4 c. à table de miel
- 1 œuf battu
- 1 c. à thé de vanille
- 450 g de noix de coco râpée
- 225 g de noisettes grossièrement hachées
- 225 g de dattes hachées
- 2 c. à table de farine

Préparation

1. Mélangez l'œuf, le miel et la vanille. Battez jusqu'à ce que tout soit bien mélangé et versez dans la noix de coco et les noix en remuant.
2. Saupoudrez les dattes d'une couche de farine et ajoutez au mélange.
3. Versez-en des cuillerées sur une tôle à biscuits graissée. Faites cuire à 325° F pendant 12 minutes ou jusqu'à ce qu'ils soient légèrement brunis.

BISCUITS AU MIEL ET AUX NOIX

Ingrédients

(36 biscuits)

- 110 g d'amandes moulues
- 110 g de noisettes moulues
- 2 c. à table de miel
- 225 g de sucre semoule
- 50 g d'écorces confites hachées
- 2 blancs d'œufs

Ingrédients pour le glaçage

- 4 c. à table de sucre à glacer
- 1 c. à table de jus de citron

Préparation

1. Mélangez toutes les noix, le sucre, le miel, l'écorce et les blancs d'œufs. Pétrissez la pâte puis placez-la dans un endroit frais pendant au moins 30 minutes.
2. Préchauffez le four à 325° F puis beurrez légèrement et saupoudrez vos tôles à biscuits de farine.
3. Mettez la pâte sur une surface saupoudrée de sucre à glacer et roulez-la jusqu'à une épaisseur de 5 mm. Découpez-la en cercles ou selon la forme choisie et

transférez-les sur les tôles à biscuits en laissant de l'espace pour qu'ils s'étendent. Faites cuire au four pendant 25 à 30 minutes.

4. Dans un autre bol, mélangez les ingrédients pour le glaçage et couvrez-en les biscuits pendant qu'ils sont encore chauds. Laissez-les refroidir complètement avant de les manger.

BISCUITS SABLÉS AU MIEL

Ingrédients
225 g de beurre
80 ml de miel
1 c. à thé d'extrait de vanille
225 g de farine
110 g d'amandes finement hachées

Préparation
1. Préchauffez le four à 300° F et graissez légèrement une tôle à biscuits.

2. Battez le beurre, le miel et la vanille jusqu'à consistance légère et floconneuse. Ajoutez progressivement la farine et les amandes en mélangeant bien.

3. Mettez le tout sur une planche légèrement farinée et pétrissez légèrement jusqu'à une épaisseur d'environ 1 cm correspondant à la forme de votre tôle à biscuits. Transférez le tout sur la tôle à biscuits et tracez des marques de tranches avec un couteau. Faites cuire pendant 40 minutes. Transférez sur une grille pour laisser refroidir.

CRÊPES AU MIEL

Ingrédients
200 g de beurre
200 g de cassonade
200 g de miel
400 g de gruau d'avoine
500 g de noix, de fruits séchés, de cerises glacées et hachées ou de noix de coco séchée (facultatif)

Préparation

1. Faites chauffer le beurre, le sucre et le miel jusqu'à dissolution du sucre.
2. Ajoutez l'avoine et les noix, les fruits ou la noix de coco et mélangez bien.
3. Mettez le tout dans un moule à roulés ou à gâteau graissé et étendez le mélange sur une épaisseur d'environ 2 cm.
4. Faites cuire dans un four préchauffé à 350° F pendant 15 à 20 minutes jusqu'à ce que les rebords soient brunis, mais mous au centre. Laissez refroidir dans le moule, puis sortez-le et coupez-le en carré.

KHUBS (PAIN MAROCAIN)

Ingrédients (1 miche)

1 c. à table de miel
360 ml d'eau tiède
1 c. à table de levure sèche
1½ c. à table de sel
450 g de farine blanche forte

Préparation

1. Saupoudrez légèrement de farine une tôle à biscuits et mettez-la de côté. Dans un petit bol, mélangez l'eau, le miel et la levure, et laissez reposer pendant 10 minutes.
2. Dans un grand bol, mélangez la farine et le sel. Faites un trou au milieu et versez-y le mélange de levure. Mélangez le tout pour obtenir une pâte ferme avant de la placer sur une surface farinée. Pétrissez pendant environ 5 minutes.
3. Façonnez la pâte en une miche ronde, placez-la sur la tôle à biscuits et recouvrez-la d'un sac de plastique ou un linge à vaisselle propre. Laissez-la dans un endroit chaud pour qu'elle lève, jusqu'à ce que sa taille double (environ 30 minutes).
4. Préchauffez le four à 375° F. Pétrissez légèrement la miche et transférez-là dans le four. Faites-la cuire pendant environ 45 minutes. Laissez refroidir avant de servir.

PAIN DE BLÉ AUX CANNEBERGES ET AU MIEL

Ingrédients (1 miche)

2 c. à table de miel

1 œuf

2 c. à table de lait

1 c. à thé de beurre ou de margarine fondus

350 g de farine

175 g de flocons d'avoine

1 c. à dessert de poudre à pâte

½ c. à thé de sel

½ c. à thé de cannelle moulue

110 g de canneberges fraîches ou congelées

50 g de noix hachées (facultatif)

Préparation

1. Préchauffez le four à 350° F et graissez un moule à pain.
2. Dans un bol, mettez la farine, les flocons d'avoine, la poudre à pâte et le sel.
3. Battez ensemble l'œuf, le miel et le lait et ajoutez le mélange à la farine et aux flocons d'avoine en remuant bien. Ajoutez ensuite les canneberges et les noix.
4. Versez le tout dans le moule à pain et faites cuire pendant environ 75 minutes ou jusqu'à ce qu'une croûte se forme. Versez le beurre fondu sur la miche chaude et retournez-la sur une clayette à refroidir.

DESSERTS CONGELÉS

Même si cela peut exiger certains efforts, vous n'avez pas besoin d'une sorbetière pour obtenir une bonne crème glacée maison. Ce qui est bien en faisant votre propre crème glacée, c'est que vous pouvez modifier les recettes pour choisir des ingrédients plus sains et éviter l'excès de sucre. Vous pouvez utiliser à parts égales de la crème et de la crème anglaise, de la crème et de la purée de fruits, de la crème et des blancs d'œufs, ou remplacer la crème par du lait évaporé non sucré ou du yogourt nature. Vous pouvez utiliser de la crème épaisse, de la crème à fouetter ou un mélange à faible teneur en gras de babeurre et d'huiles végétales.

CRÈME GLACÉE AU MIEL ET AUX FRAMBOISES

Ingrédients
- 450 g de framboises
- 150 ml de crème
- 150 ml de yogourt nature
- 3 blancs d'œufs
- 2 c. à table de jus de citron
- 10 c. à table rases de miel
- 1 pincée de sel

Préparation
1. Écrasez les framboises pour obtenir une purée et mélangez-la avec la crème, le yogourt, le jus de citron, le miel et le sel. Mettez le mélange dans un contenant de plastique peu profond et faites congeler jusqu'à consistance ferme, mais sans congeler tout à fait.
2. Remettez le mélange dans un bol et battez-le jusqu'à consistance lisse. Incorporez les blancs d'œufs jusqu'à ce qu'ils soient fermes et ajoutez ce mélange à la crème glacée. Remettez le tout dans le contenant et congelez.

YOGOURT GLACÉ AU MIEL

Ingrédients
- 570 ml de lait écrémé
- 200 ml de miel
- 1 pincée de sel
- 2 œufs battus
- 500 g de yogourt nature à faible teneur en gras
- 1 c. à table d'essence de vanille

Préparation

1. Faites chauffer le lait dans une grande casserole sans le laisser bouillir. En remuant, ajoutez le miel et le sel.

2. Versez une petite quantité du mélange de lait dans les œufs puis versez le tout dans la casserole. Faites cuire et remuez à feu moyen pendant 5 minutes ou jusqu'à ce que le mélange nappe la cuillère de bois. Ne faites pas bouillir.

3. Retirez du feu et laissez refroidir complètement. En remuant, ajoutez le yogourt et la vanille et mettez le tout dans un plat de plastique. Faites congeler jusqu'à consistance ferme en remuant toutes les 20 ou 30 minutes pour briser les cristaux de glace, ou faites congeler dans une sorbetière selon les directives du fabricant.

YOGOURT GLACÉ À LA NECTARINE

Ingrédients (6 portions)

5 nectarines mûres pelées et tranchées
240 ml d'eau
4 c. à table de miel
1 c. à table de jus de citron
1 c. à thé de vanille
4 c. à table de jus de pomme
225 g de yogourt nature à faible teneur en gras

Préparation

1. Mettez les nectarines, l'eau et le miel dans une casserole et faites cuire à feu moyen jusqu'à ce que les nectarines s'amollissent. Faites-en une purée dans le mélangeur.

2. En remuant, ajoutez le jus de citron, la vanille et le jus de pomme. Laissez refroidir au frigo.

3. Incorporez le yogourt au mélange de nectarines. Versez le tout dans un plat à congélateur et congelez jusqu'à ce que des cristaux se forment sur le pourtour (environ 45 minutes). Remuez les cristaux au milieu de la casserole et replacez au congélateur. Quand le mélange est légèrement congelé, fouettez-le de nouveau et recongelez-le.

SORBET AUX PETITS FRUITS ET AU MIEL

Le sorbet diffère de la crème glacée puisque c'est un dessert à base de glace à demie congelée ; il est beaucoup plus faible en calories sans la crème ou le yogourt.

Ingrédients (6 portions)

450 g de framboises
4 c. à table de miel
4 c. à table de jus de citron vert frais avec la pulpe
¼ c. à thé de zeste de citron vert râpé
240 ml d'eau

Préparation

1. Réduisez les framboises en purée et tamisez-les pour enlever les pépins. Ajoutez le reste des ingrédients et mélangez bien.
2. Versez le tout dans un plat et laissez congeler de 3 à 6 heures jusqu'à consistance ferme.
3. Transférez le mélange dans un bol. Battez le tout avec un mélangeur électrique jusqu'à ce qu'il soit à demi fondu. Remettez-le dans le plat et congelez pendant 2 à 4 heures ou jusqu'à consistance ferme.

Faits fascinants et annexes

LES ABEILLES S'ENVOLENT EN BOURDONNANT

Un avion gros-porteur se rendant de Sidney à Londres fut détourné vers un minuscule terrain d'atterrissage à Uralsk, au Kazakhstan, quand une alarme d'incendie se déclencha. Les capteurs semblaient indiquer un incendie dans le poste de pilotage, mais tout ce qu'on put trouver, ce fut un essaim d'abeilles en colère en route pour l'Angleterre. Il fallut 20 heures pour ramener les passagers à Londres dans un plus petit avion parce que la piste d'atterrissage était trop courte pour que le gros-porteur puisse décoller avec ses passagers à bord. Tout cela à cause d'une bande d'abeilles agacées.

STATISTIQUES SUR LES ABEILLES

- Pour produire 500 g de miel, les abeilles font 88 000 km en volant, ce qui équivaut à une fois et demie le tour du monde.
- Pour produire une 500 g de cire, une abeille a besoin de 2,7 kg de miel.
- Une ruche moyenne produit 11 kg de miel par année. Une ruche peut produire 27 kg pendant une bonne saison.
- Rob Smith, un apiculteur australien, a produit le poids record de 346 kg à partir de chacune de ses 460 ruches en 1954.

PRÉCURSEURS

CHARLES HENRY TURNER

Le docteur Turner fut le premier Afro-Américain à obtenir un doctorat à l'Université de Chicago vers 1890. Son travail sur la vision en couleur des abeilles et leur reconnaissance des motifs et des formes, ainsi que son aptitude à déterminer à l'avance l'apparition des abeilles pour venir se nourrir précédaient le travail similaire de von Frisch.

KARL VON FRISH

Ce scientifique allemand a interprété la danse frétillante des abeilles. Il remporta le prix Nobel pour ce travail et d'autres travaux liés aux études sur le comportement animal.

FRANÇOIS HUBER

À la fin du XVIIIᵉ siècle, le naturaliste et apiculteur suisse aveugle, Huber mit au point des ruches spéciales pour améliorer l'observation scientifique de ses abeilles. Ses travaux, selon le point de vue de son assistant, permirent pour la première fois de comprendre la notion de « passage d'abeilles », ce qui mena à la construction des ruches modernes à structures mobiles.

CENTENAIRES CÉLÈBRES

DÉMOCRITE

Ce chercheur grec sur les abeilles, apiculteur et philosophe, qui vécut apparemment jusqu'à l'âge vénérable de 109 ans, enseigna qu'on pouvait produire de nouvelles abeilles à partir de bœufs en putréfaction. Eh bien, il ne pouvait pas toujours avoir raison...

FRED HALE

Avant sa mort à 113 ans en novembre 2004, cet apiculteur du Maine était (selon des sources documentées) le plus vieil homme du monde. Il conduisait une auto à 107 ans et pelletait de la neige à 112.

L'EMPEREUR ROMAIN AUGUSTE

Auguste demanda à un centenaire qu'est-ce qu'il avait fait pour vivre tout ce temps. La réponse qu'il reçut donna matière à réflexion :

> « L'huile à l'extérieur et le miel à l'intérieur. »

ABEILLES MONASTIQUES

L'ABBÉ COLLIN

Cet apiculteur français inventa la grille à reines en 1865.

GREGOR MENDEL

Le moine Gregor Mendel est le père de la génétique. Apiculteur enthousiaste, Mendel découvrit les lois fondamentales de la génétique dans les plants de pois, puis passa en vain le reste de sa vie à essayer d'accoupler de meilleures abeilles.

KARL KEHRLE

Également connu sous le nom de frère Adam, ce moine bénédictin inventa la ruche de l'abbaye de Buckfast en 1917 et devint connu mondialement pour ses recherches scientifiques sur l'accouplement des abeilles.

MIEL DE QUALITÉ VEDETTE

HENRY FONDA

Légende hollywoodienne et vedette de 96 films, cet apiculteur amateur donnait du miel en pot qu'il surnommait « le miel d'Henry ».

PETER FONDA

Peter Fonda, fils de Henry, acteur et militant, fut nommé apiculteur de l'année par la Bee-Keeping Association de l'État de Floride pour avoir incarné avec talent le personnage d'Ulee dans *L'or de la vie*, et pour sa contribution en apiculture.

MIEL PHILOSOPHIQUE

HIPPOCRATE

Le père de la médecine recommandait fréquemment le miel comme remède pour tout ce qui affectait ses patients. Il écrivit : « Le miel et le pollen génèrent de la chaleur, nettoient les plaies et les ulcères, amollissent les ulcères durs des lèvres et guérissent les furoncles et les plaies suppurantes ».

MARC-AURÈLE

Ce célèbre Romain, qui fut empereur, philosophe et peut-être le premier socialiste du monde, déclara: « Ce qui n'est pas bon pour l'essaim n'est pas bon pour l'abeille ».

GRIMPE CHAQUE MONTAGNE...

SIR EDMUND HILLARY

Fils d'un apiculteur commercial néo-zélandais, Hillary et son frère possédaient 1 200 ruches. En compagnie de Tenzing Norgay, il fut le premier à escalader le mont Everest en mai 1953. Ensuite, il abandonna l'apiculture pour se consacrer à l'escalade de montagne.

MARIA VON TRAPP

Après que la famille se fut enfuie de l'Autriche pendant la guerre, cette ancienne religieuse et gouvernante déménagea au Vermont et éleva des abeilles.

DIRIGEANTS POLITIQUES

LYCURGE

Le fondateur de Sparte était très impressionné par la structure sociale des abeilles, par leurs sacrifices et par leur aptitude à partager. Il se servit de la colonie d'abeilles comme modèle d'une forme parfaite de gouvernement.

NAPOLÉON BONAPARTE

« Le petit caporal » utilisait l'abeille comme symbole personnel de son immortalité. On se souvient des abeilles qui ornaient sa cape rouge.

VIKTOR IOUCHTCHENKO

Le dirigeant du mouvement démocratique et président de l'Ukraine est un fervent apiculteur. La réponse de l'ancien vice-président des États-Unis aux apiculteurs qui cherchaient à obtenir un soutien des prix fut : « L'apiculture est une douce subvention qui a appauvri les contribuables pendant des années ». On peut en déduire que ce n'est certainement pas un amateur !

LES GRANDS HOMMES ET LES DIEUX

ALEXANDRE LE GRAND

Quand le grand conquérant mourut à des milliers de kilomètres de son pays, ses hommes transportèrent jusque chez lui son corps préservé pour l'inhumation dans un cercueil en or rempli de miel.

RAMSÈS III

Cet ancien pharaon égyptien, roi et déité de 1198 à 1167 av. J.-C. offrit à un dieu mineur du fleuve un sacrifice de 15 tonnes de miel qu'il fit verser dans le Nil.

ICARE

L'ancien astronaute de la mythologie grecque vola trop près du soleil et la cire d'abeille qui retenait les plumes à ses bras fondit. Selon la légende, il tomberait encore.

MIEL ET AMOUR

« Les lys me semblent noirs, le miel aigre à outrance,
Les roses sentir mal, les œillets sans couleur,
Les myrtes, les lauriers ont perdu leur verdeur,
Le dormir m'est fâcheux et long en votre absence.
Mais les lys fussent blancs, le miel doux, et je pense
Que la rose et l'œillet ne fussent sans honneur,
Les myrtes, les leurrèrent fussent verts, du labeur,
J'eusse aimé dormir avec votre présence,
Que si loin de vos yeux, à regret m'absentant,
Le corps endurait seul, étant l'esprit content :
Laissons le lys, le miel, roses, œillets déplaire,
Les myrtes, les lauriers dès le printemps flétrir,
Me nuire le repos, me nuire le dormir,
Et que tout hormis vous, me puisse être contraire. »

Théodore Agrippa d'Aubigné

« C'est sans doute, Madame, une douceur extrême
Que d'entendre ces mots d'une bouche qu'on aime ;
Leur miel dans tous mes sens fait couler à longs traits
Une suavité qu'on ne goûta jamais. »

Molière

« Je voudrais maintenant vider jusqu'à la lie
Ce calice mêlé de nectar et de fiel ;
Au fond de cette coupe où je buvais la vie,
Peut-être restait-il une goutte de miel. »

Lamartine

« La vie est une fleur. L'amour en est le miel. »

Victor Hugo

PROVERBES

On prend plus de mouches avec du miel
qu'avec du vinaigre.

Quand tu lances la flèche de vérité, trempe
la pointe dans du miel.

Proverbe persan

La langue en miel, le cœur en fiel

L'HYDROMEL OU LE VIN DE MIEL :
TIRÉ DE « THE CLOSET OF SIR KENELM DIGBY,
KNIGHT, OPENED 1699 »

[Traduction] « Prenez 18 litres d'eau de source et un litre de miel : quand l'eau est chaude, versez-y le miel. Quand elle bout, écumez-la minutieusement et continuez d'écumer tant que des impuretés remontent à sa surface. Ajoutez alors une racine de gingembre, quatre clous de girofle et un brin de romarin. Laissez bouillir le tout dans la liqueur pendant une heure. Puis, laissez refroidir jusqu'à la température du sang et ajoutez-y une cuillerée de levure de bière. Quand la levure a fermenté, versez le liquide dans un récipient de taille convenable, après deux ou trois jours, embouteillez la liqueur. Vous pouvez la boire au bout de six semaines ou deux mois.

C'est là l'hydromel que j'ai offert à la reine et que tous ont beaucoup apprécié. »

ANNEXE I

LISTE DES MIELS

Acacia
Achimenes
Antigone
Arbousier
Aster
Aubépine
Avocat
Bambou
Bergamote
Bident poilu
Bleuet
Brunelle
commune
Busserole
manzanita
Canneberge
Cantaloup
Céanothe velouté
Chardon
Chardon étoilé
Chardon penché
Châtaigne
Chincapin
Clèthre à feuilles
d'aulne
Cliftonie à
feuilles de troène
Coriandre
Coton
Dirca des marais
Épilobe à feuilles
étroites
Eucalyptus

Eucalyptus à
miel
Eucalyptus bleu
Eucalyptus
résineux
Fleurs de cerisier
Fleurs d'oranger
Fleurs de
pommier
Fleurs de tilleul
Framboise
Gommier
Herbe à souder
Horeminy
Houx
Houx glabre
Kalmie à larges
feuilles
Kamahi
Lavande
Lavande de mer
Luzerne
Manuka
Marguerite dorée
Menthe
Menthe poivrée
Menthe verte
Moutarde
Mûre
Orange
Oxydendre en
arbre
Peuplier

Prosopis
Prune
Raisin
Ratafia
Rewarewa
Rhoicissus
Robinier
Sabal
Sainfoin
Sarrazin
Sauge
Solidage
Soya
Sumac
Sumac vénéneux
Tamarin
Tawari
Thym
Tilleul
d'Amérique
Tupélo
Tournesol
Trèfle
Trèfle mexicain
Troène
Tulipier
d'Amérique
Vigne bleue
Vigne vierge
Vipérine